Thomas Burzler / Stefan Frädrich
Günter lernt verhandeln

Thomas Burzler · Stefan Frädrich

Günter, der innere Schweinehund, lernt verhandeln

Ein tierisches Businessbuch

Illustriert von Timo Wuerz

GABAL

Bibliografische Information der Deutschen Nationalbibliothek

Die Deutsche Nationalbibliothek verzeichnet diese Publikation in der Deutschen Nationalbibliografie; detaillierte bibliografische Daten sind im Internet über http://dnb.d-nb.de abrufbar.

ISBN: 978-3-89749-918-8

Lektorat: Christiane Martin, Köln
Umschlaggestaltung: Martin Zech Design, Bremen, www.martinzech.de
Illustrationen: Timo Wuerz, Hamburg
Satz und Layout: Das Herstellungsbüro, Hamburg, www.buch-herstellungsbuero.de
Druck und Bindung: Salzland Druck, Staßfurt

Über aktuelle Neuerscheinungen und Veranstaltungen informiert Sie der GABAL-Newsletter unter: www.gabal-verlag.de

Der schlaue Spruch, bevor es losgeht:

»Konsens erlangt man nicht mit dem Vorschlaghammer.«

Norbert Blüm

Ein besonders dickes Dankeschön geht an Ulrich Pfaffenberger für seine tatkräftige Unterstützung!

Günter ist dein innerer Schweinehund.
Er bewahrt dich vor Mühe, Neuem –
und Wachstum!

1. Günter, der innere Schweinehund

Kennst du Günter? Günter ist dein innerer Schweinehund. Er lebt in deinem Kopf und bewahrt dich vor allem Übel dieser Welt. Immer, wenn dir etwas im Weg steht oder droht, Mühe zu machen, rät dir Günter: »Sein lassen! Finger weg!« Oder er empfiehlt einfach eine kleine Pause: »Dafür ist ein andermal auch noch Zeit!« Und vor wirklich großen Aufgaben oder wenn du etwas nie Dagewesenes bewältigen sollst, läuft er sogar zur Hochform auf: »Auf gar keinen Fall!«, meint er dann. »Das ist mindestens zwei Nummern zu groß für dich.« Klar: Er meint es dabei eigentlich nur gut. Nicht nur, weil er dich so vor den Schmerzen schützt, wenn du auf die Nase fällst. Sondern auch weil er stinkfaul ist (und liebend gern an deine eigene Schweinehundefaulheit appelliert). Bloß keinen Stress! Ist er nicht ein guter Kumpel?

Klar! Aber Moment, war da nicht auch noch was anderes? Tja, eine Kleinigkeit: Dein Kumpel steht nämlich leider auch dann voll auf der Bremse, wenn du Pläne schmiedest. Und neue Erfahrungen hält er genauso von dir fern wie nützliches Wissen. Wozu schon etwas dazulernen, wenn man auch im gleichen Trott vorankommt? Veränderung und Neues? Irgendwie, irgendwo, irgendwann vielleicht. Jetzt jedenfalls nicht. Kuschelig warm ist diese Welt, hindernisfrei gleichförmig, leicht verdaulich und reibungslos absehbar. Ein heimeliges Zuhause für Günter und dich.

Günter würde nie etwas riskieren.
Leider auch nicht
bei Angeboten an Kunden.

2. Günter ist zufrieden – eigentlich

Günter ist zufrieden mit dem, was er hat. Mehr will er gar nicht. Nun, das stimmt nicht ganz. Wenn ihm das »Mehr« jetzt einfach per Zufall in den Schoß fiele, dann würde er schon zuschnappen. Diese Geschichte mit dem Flaschengeist und den drei Wünschen zum Beispiel, die fand er immer schon klasse. Dafür würde er dir unter Umständen sogar mal raten, dich zu bücken und von so einer ollen Buddel den Staub abzureiben. »Natürlich nur«, schränkt er ein, »wenn sicher wäre, dass auch etwas drinsteckt!« Also am besten hat die Pulle ein Etikett mit dem Hinweis: »Flaschengeist inside. Drei Wünsche garantiert.«

»Nur was draufsteht, steckt auch drin. Mehr nicht.« Mit dieser schlichten Denkweise hält dich Günter auf dem Teppich. Bloß nichts riskieren, bloß nichts ausprobieren. Es könnte unabsehbare Folgen haben. Zum Beispiel im Job, wenn du einem Kunden mal ein Angebot unterbreiten sollst. »Bloß nicht zu viele Versprechungen machen!«, bremst Günter dann. »Und beim Preis gehst du lieber auf Nummer sicher und bleibst deutlich unter dem Limit!« Tja, und so enthalten deine Angebote dann auch immer nur das, was auf dem Papier steht. Keinen Deut mehr. Vor allem auch keinen Mehrwert – weder für dich noch für den Kunden.

Mehrwert ist,
was mehr Wert schafft.

3. Mehrwert? Nein, danke!

»Mehrwert?«, quiekt Günter empört. »Frechheit! Mit ihren Steuern ziehen die einem doch nur das Geld aus der Tasche! Einfach so per Gesetz mal drei Prozent rauf. Das sollten wir mal mit den Preisen versuchen!« Cool down, Schweinehund: Es war von »Mehrwert« die Rede, nicht von der »Mehrwertsteuer«. Mehrwert ist, wenn etwas mehr Wert schafft.

»Blödsinn!«, schimpft Günter weiter. »Wie soll denn etwas mehr Wert schaffen?« Ganz einfach: Du zum Beispiel bist manchmal absolut frei von Mehrwert. Vor allem, wenn du dich nicht auskennst oder faulenzt. Dann plapperst du munter Blödsinn vor dich hin und behinderst Frauchen oder Herrchen. Stell dir etwa vor, du bist keinerlei Sport gewöhnt und dein Besitzer fühlt sich immer schlapper und fetter. Vielleicht will er dagegen ja Sport machen? Doch du motzt »Sport ist Mord!« und »Du wirst eben älter!« – und wieder bleiben die Sportschuhe im Schrank. Mehrwert? Null! Andererseits aber, wenn du Sport gewöhnt bist und weißt, wie gut er tut, rätst du: »Sport ist super! In jedem Alter!« Mit dieser Einstellung sportelt nun auch dein Besitzer – und wird immer fitter. Danke, Günter! Danke, Mehrwert!

Alle Schweinehunde freuen sich darüber,
mehr zu bekommen als erwartet.
Das ist wie ein Geschenk.

4. Darf es ein bisschen mehr sein?

Günter verfügt über einen reichen Schatz an Weisheiten und schlauen Sprüchen. Die lässt er bei jeder passenden und unpassenden Gelegenheit vom Stapel. Und je nachdem, was dir Günter rät, beeinflusst er deine Meinung. Dumm ist das vor allem, wenn Günter keine Ahnung hat. Andererseits aber, wenn Günter über ein Thema Bescheid weiß, gibt er die richtigen Tipps – und verhilft so zum Erfolg beziehungsweise schafft einen Mehrwert. Sollte also doch etwas dran sein an der Sache mit dem Mehrwert?

Auch zum Thema Mehrwert selbst kennt Günter übrigens Sprüche. Zum Beispiel den von Wilhelm Busch: »Ein Onkel, der Gutes mitbringt, ist besser als eine Tante, die bloß Klavier spielt.« Klar, woran Günter dabei denkt: an süße Kalorienbomben, klimpernde Münzen und knisternde Scheinchen. »Ja, genau! Das ist Musik in meinen Ohren!« Schon mal drüber nachgedacht, dass alle inneren Schweinehunde so gestrickt sein könnten, rund um den Globus? Dass du nicht der Einzige bist, dem Klavierspiel nicht genügt? Dass es immer darauf ankommt, etwas Gutes mitzubringen? Vor allem beim Kunden! Etwas Überraschendes. Etwas Wertvolles. Etwas, mit dem keiner gerechnet hat. Eben einen Mehrwert. »Ramschkugelschreiber und Notizblöcke?« Nein, Günter, mehr. Mit einem echten Mehrwert in der Tasche lässt es sich prima verhandeln! Um jedes bisschen Preis!

Rabatte
zu verschenken
ist dumm.

Um sie wieder reinzuholen,
musst du sehr viel mehr arbeiten.

5. Vorsicht mit Rabatten

»Verhandeln? Nein, danke! Und über Kleinkram erst recht nicht«, findet Günter. »Lieber gleich ein bisschen Nachlass geben. Zwei Prozent runter, der Deal ist im Kasten – und keiner merkt was!« Denkfehler, fauler Schweinehund: Obwohl es dir nicht in den Kram passt, können sogar zwei Prozent voll durchschlagen – und der Stress geht erst richtig los! Wenn deine Firma zum Beispiel mit einem Deckungsbeitrag von zehn Prozent rechnet, ist davon dann schon ein Fünftel futsch. »Deckungsbeitrag?«, wundert sich Günter. »Was ist denn ein Deckungsbeitrag?« Das ist die Menge Gewinn, die dir von deinen Einnahmen bleibt, wenn du alle Kosten abziehst. Verkaufst du ein Produkt zum Beispiel für 100 Steine, sind 10 Prozent Deckungsbeitrag, wenn dir 10 Steine übrig bleiben.

»Und was ist so schlimm dran, wenn nur acht übrig bleiben?« Denk nach, Günter: Wenn deine Firma 1000 Produkte im Jahr verkauft, bleiben damit am Ende nicht mehr 10000 Steine übrig, sondern nur noch 8000. Klaro? 2000 Steine weniger in der Kasse. Wie oft ist acht darin enthalten? 250 Mal. Damit du also den gleichen Gewinn wie ohne Rabatt erzielst, musst du 250 Produkte mehr verkaufen! 25 Prozent mehr Arbeit, um läppische zwei Prozent Rabatt reinzuholen! Willst du dir das wirklich antun? »Oh!«, staunt Günter.

Verhandeln muss sein –
um die eigene Position
durchzusetzen.

Kennst du
deine Position
überhaupt?

6. Verhandeln um die eigene Position

»Trotzdem mag ich es nicht, wenn alles so genau festgelegt ist«, merkt der Schweinehund an. »Ich brauche die Freiheit, spontan zu entscheiden. Ich lasse mich ungern verplanen«, meckert er. »Außerdem ist mir Verhandeln unangenehm! Es macht keinen Spaß!« Oh, Günter ...

Zunächst mal: Verhandeln muss sein. Und streng genommen verhandelt jeder Mensch sein ganzes Leben lang – als Kind um das längere Aufbleiben am Abend, in der Partnerschaft darum, welcher Film geguckt wird, oder eben im Job um Verkaufspreise. Und weil Günter leider gelernt hat, dass man anderen Menschen gehorchen soll, damit alles friedlich bleibt – so wie früher den Eltern und Lehrern und heute dem Partner und den Kunden –, geht er Verhandlungen aus dem Weg. Nur, wenn Günter alles mit sich machen lässt, wer setzt dann seine Interessen durch? »Die anderen!« Genau. Du leider nicht. Stattdessen kriegen alle anderen, was sie wollen. Sie setzen ihre Position durch – gnadenlos. Nicht zuletzt übrigens, weil sie genau wissen, was sie wollen; sie kennen die Gutenacht-Zeiten, ihren bevorzugten Film und den angestrebten Preis. Also, damit auch du deine Position durchsetzen kannst, musst auch du sie kennen! Was willst du erreichen? Welche Ziele verfolgst du? Und dann musst du darum verhandeln!

Positiv ausgedrückt
klingt alles besser.
Selbst wenn du dem
Kunden widersprichst.

7. Positive Sprache

»Aber ich habe keine Lust darauf!« Ach ja, das sagt Günter auch sehr gerne. Fast könnte man ihn Günters Lieblingssatz nennen. Knapp gefolgt von: »Das passt mir nicht!« Natürlich hat zwar auch Günter schon davon gehört, dass heutzutage positives Denken und Reden gefragt sind, aber trotzdem wundert er sich über Kritik: »Ja und? Ich rede doch positiv: *Lust* ist positiv, *das passt* erst recht!« Die negativen Vorzeichen *keine* und *nicht* ignoriert er ganz einfach. Dabei ist es genau diese Hälfte seiner Sätze, die ihn in den Ohren seiner Zuhörer wie ein ewiger Miesepeter klingen lässt.

Lieber Günter, wie wäre es, wenn du *keine* einfach mal weglässt? Wenn dein Gesprächspartner zum Beispiel sagt: »Jetzt müssen wir noch mal über Rabatte reden!«, dann machst du ihn mit deiner Antwort »Prima, genau darauf habe ich jetzt *Lust!*« erst mal sprachlos. Oder wenn er dich wieder mit seinem Gejammer über das beschränkte Budget nervt, nimmst du ihm positiv am besten den Wind aus den Segeln: »Dann will ich Ihnen dabei gerne helfen, dass das besser wird!« Und wenn man damit droht, Konkurrenzangebote einzuholen, sagst du einfach: »Das passt mir prima. Denn das wird Sie davon überzeugen, wie unschlagbar gut unsere Konditionen sind.« Übrigens: Günter, so bist du ein Superschweinehund!

Beim Verhandeln
geht es nicht nur
um den Preis,
sondern um viel
mehr Faktoren!

8. Was heißt eigentlich verhandeln?

»Doof, dass man überhaupt immer so viel diskutieren muss!«, ärgert sich Günter. »Dabei könnte alles so einfach sein: Ein Preisschild auf die Produkte drauf und fertig!« Oh ja, das wäre schön, Günter! Eine klare Aussage. Und Ende. So wie beim Finanzminister. Der gibt keinen Cent nach. Die Politesse auch nicht. Aber weil Günter eben mal gelernt hat, dass man zu anderen Leuten nett sein soll, und er Angst hat, andere zu verprellen, lässt er sich schließlich doch auf Diskussionen ein.

Dummerweise geht es dabei nur um ein Thema: den Preis. Der eine will viel kassieren, der andere wenig bezahlen. Dabei gibt es noch ein paar andere Variablen! Warum zum Beispiel gehst du abends gerne mal in ein Fast-Food-Restaurant, statt selbst zu kochen? Weil es billiger ist? Von wegen – es ist bequemer! Du verhandelst sozusagen mit dir selbst und entscheidest dich für eines von zwei Angeboten. Es gewinnt, was unterm Strich besser deine Bedürfnisse befriedigt. Das ist verhandeln. Selbst wenn zwei verschiedene Restaurants in der Nähe sind, verhandelst du mit dir: Das eine hat die krosseren Pommes, das andere die saftigeren Burger. Wofür entscheidest du dich? Für das mit dem schnelleren und freundlicheren Service? Oder das direkt um die Ecke? Tja, viele Faktoren, viele Interessen. Alle berücksichtigen und dabei in der Summe das höchste Glücksgefühl finden – das ist verhandeln.

Ob ein Kunde kauft,
hängt davon ab, ob sein
innerer Schweinehund
den Gesamtmix mag.

9. Was kauft der Kunde? Alles!

»Moment«, wundert sich Günter. »Dann geht es also gar nicht nur um Zahlen?« Aber hallo! In Wirklichkeit geht es nur um innere Schweinehunde: Stell dir mal vor, ein Kunde ist auf der Suche nach einem Produkt. Obwohl er bereit ist, dafür Geld auszugeben, reißt das Produkt alleine seinen inneren Schweinehund noch nicht vom Hocker. Warum auch? Schließlich gibt es gleich mehrere Hersteller! Sein innerer Schweinehund bleibt also cool und vergleicht. Einige Firmen erscheinen okay, andere nicht. Der Kundenschweinehund bleibt ungerührt. Dann schaut er sich mal die Menschen in den Firmen an: Was können die? Wie sind die so? Wieder gibt es gute und weniger gute. Der innere Schweinehund kratzt sich nicht einmal. Nun nimmt er sich die Verkäufer vor, die mit ihm zu tun haben. Übrig bleiben so vielleicht noch zwei, drei Anbieter, die wirklich etwas draufhaben. Der innere Schweinehund blinzelt mit einem Auge.

Und dann schließlich sieht sich der Kunde die Gesamtmischung an: Passen Produkt, Firma und Menschen? Befriedigt alles zusammen seine Bedürfnisse? Und kann das sogar der Verkäufer vermitteln? Super: Jetzt bewegt sich auch langsam der innere Kundenschweinehund – denn so bequem kriegt er es nicht noch einmal.

Bei Preis-
verhandlungen
immer
weit oben
einsteigen!

10. Preise von oben nach unten gestalten

»Verstanden«, ruft Günter. »Es geht also um viel mehr Faktoren als nur um den Preis.« Genau. »Dann ersparen wir uns doch das lange Verhandeln und Rechnen! Am besten, wir sagen dem Kunden gleich zu Beginn den niedrigsten Preis – dann will er keinen Rabatt mehr haben! Und kaufen wird er dann auch garantiert – weil es so schön billig ist.«

Nein, Günter. Garantiert ist dann nämlich nur eines: Der Kunde wird nicht glauben, dass er den niedrigst möglichen Preis kriegt! Warum solltest du auch gleich so tief eingestiegen sein? Also wird er trotzdem versuchen, den Preis zu drücken – und ganz schnell droht dir ein Verlust. Du bleibst nun entweder hart und musst schon wieder diskutieren, rechnen und verhandeln. Oder du spendierst dem Kunden zum gleichen Preis mehr Leistung, längere Zahlungsziele oder andere teure Späße. Autsch!

Also: Wer weit oben in Verhandlungen einsteigt, dem fallen solche Zugaben bei Bedarf viel leichter. Mit dem Kunden kann er dann auch leichter aushandeln, dass er weniger bekommt, wenn er weniger bezahlt. Außerdem, Günter. Gerade du weißt doch ganz genau, dass es viel leichter ist, gemütlich die Treppe nach unten zu spazieren, als aus dem Keller hinaufzuklettern. Oder?

Der Gedanke ans Geld
verstellt oft den Blick auf
den wahren Wert der Ware.

11. Vom Geben und Nehmen

»Okay, und weiter geht es mit dem Handel«, drängt Günter. »Der eine gibt jetzt das Geld, der andere die Ware. So einfach ist es im Geschäftsleben.« Ja, das scheint seit Jahrhunderten genau so abzulaufen. Obwohl: Manchmal lässt auch heute noch der gute alte Tauschhandel grüßen – zum Beispiel auf dem Schulhof beim Aufklebertauschen, erinnerst du dich? Die einen stehen auf Fußballspieler, die anderen auf Tiersticker. Etwas kompliziert dabei ist nur, den aktuellen Marktwert der Sticker zu kennen: Wie viele Giraffen kann man für das seltene Löwenbaby verlangen? Wie viele Stürmer für den seltenen Ersatztorhüter der Nationalmannschaft? Dafür musst du auf Zack sein, immer am Ball bleiben, immer verhandeln, immer wissen, was gefragt ist. Anstrengend …

Andererseits: Was ist da eigentlich dabei? Man könnte das alles auch als Spaß betrachten statt als anstrengende Arbeit. Stell dir vor, da hat einer genau das rote Cabrio in der Garage stehen, das du dir seit Jahren wünschst. Und der wäre bereit, es gegen deine Comicsammlung zu tauschen, die er sich seit Jahren wünscht. Das Dumme dabei ist, dass ihr beide euch Gedanken übers Geld macht! Was ist wie viel wert? Dabei könntet ihr auch einfach mal darüber reden, was ihr euch gegenseitig zu geben habt! Mehr Ware als Geld. Ein bisschen wie in der Steinzeit, äh, Schulzeit.

Nichts ist zu teuer,
wenn du den Preis begründen kannst.

12. Wirklich zu teuer? Quatsch!

Aber eigentlich ist ja auch klar, warum so viele Schweinehunde wie hypnotisiert auf den Preis starren. Schließlich haben wir das alle schon mal erlebt: Heute gekauft, morgen billiger woanders gesehen. Also gehen wir lieber auf Nummer sicher und behaupten immer erst einmal: »Zu teuer!« Man kann ja nie wissen. Und ehrlich gesagt: Oft will man es auch gar nicht wissen, denn Vergleiche sind mühsam. »Was ich nicht weiß, hat keinen Preis«, witzelt Günter.

Die Lösung lautet: Du musst Preise immer erklären können! Nicht aus der Defensive heraus, sondern offensiv mit Überzeugung. Du weißt, was das, was du verkaufst, wirklich wert ist. Du vermittelst, was an Gehirnschmalz und Arbeit drinsteckt. Du bist im Bilde, worin deine Firma, deine Produkte der Konkurrenz überlegen sind. Du zeigst, welche erstklassigen Rohstoffe und cleveren Anwendungen darin enthalten sind. Du bist damit vertraut, wann und in welchem Umfang sich die Investition des Käufers für ihn rechnet. Und warum er an diesem Kauf viel mehr und viel länger Freude haben wird als an billigeren Alternativen. Na, hast du das drauf? Bringst du das glaubwürdig rüber? Ist dein Wissen wertvoll für deinen Käufer? Also mach zuerst dich fit und dann deinen Gesprächspartner. Damit drei ganz besondere Silben ihre Kraft entfalten: »Das lohnt sich!«

Übernimm beim Verhandeln
selbst Verantwortung!
Dein Chef macht dich
nur überflüssig.

13. Lieber den Chef mitnehmen?

»Das ist mir viel zu blöd, immer so viel nachzudenken«, findet Günter. »Außerdem muss man sich ja nicht aufdrängen.« Aber nein, nicht mal dem einen, der immer wieder nach deinem »Vorgesetzten« verlangt. »Kann er haben«, denkt Günter da. »Beim nächsten Besuch nimmt man einfach seinen Chef mit! Soll der sich doch das ganze Gequatsche antun. Und den Ärger kassieren. Und die Fragen nach Rabatten, Rabatten, Rabatten beantworten. Soll er doch. Und du sitzt dabei und machst dir einen schönen Nachmittag. Na, wie klingt das?«, lockt Günter.

Zugegeben, das klingt perfekt. Zuschauen, wie andere arbeiten. Aber: Was passiert, wenn sich Mr. King Kunde auf einmal prächtig mit Mr. Supercool Chef versteht? Dann bist du raus aus dem Rennen. Ein für alle Mal vielleicht. Ach was: Es reicht ja schon, wenn dein alter Gesprächspartner merkt, dass du eigentlich nichts zu sagen hast! Dass die Entscheidungen ein anderer trifft! Die Provision kannst du dir dann abschminken. Wahrscheinlich spricht sich die Sache auch noch schnell rum. Also nein, keine gute Idee. »Schon kapiert«, sagt Günter. »Wir sind der Chef. Keine Entscheidung ohne uns. Und das muss jedem klar sein.« Genau, vor allem dir selbst!

Verkaufen dauert eine Stunde,
Verschenken nur eine Minute.

14. Verschenken ist Unsinn

Also noch einmal zu den Rabatten: Vielleicht denkt Günter ja immer noch »Rabatte in Ehren kann niemand verwehren« oder »Ein paar Prozentchen hier, ein paar Prozentchen da, und schon ist der Kunde dein Freund«? Günter strahlt: »Genau! Es ist doch so schön, Freunde zu haben!« Oh, Günter ... »Auch du selbst kaufst am besten immer dort, wo du den größten Nachlass bekommst! Also gibst du selbst auch Rabatt und wirst mit ganz vielen Menschen gut Freund.« Klar, Schweinehund: Am besten, wir verschenken das Zeug gleich! Dann sind alle Menschen unsere Freunde und das Paradies auf Erden ist nah. »Oh ja!«, freut sich Günter. »Dann ist auch die Arbeit ratzfatz erledigt!«

Doch stopp! Wenn du so schnell fertig bist, kannst du sicher auch deiner Firma einen kleinen Rabatt auf dein Gehalt geben, nicht wahr? Und wenn doch Verkaufen eine Stunde dauert und Verschenken nur eine Minute, macht das gerade mal ein Sechzigstel Aufwand. Also könntest du deiner Firma dann einen Rabatt von 98,333 Prozent auf dein Gehalt geben! Dann sind die sicher ganz toll Freund mit dir. »Kommt nicht in die Tüte«, knurrt Günter. »Ich bin ein wertvoller Spezialist.« Und wie halten wir es dann mit genauso wertvollen Produkten? »Schon kapiert. Keine Rabatte. Wir sind unser Geld wert.« Genau. So einfach ist das.

Sag »und« statt »aber«!
Und schenk deinem
Kunden Aufmerksamkeit
und Bestätigung!

15. Ja-Sprungbretter und andere Geschenke

»Alles klar«, stellt Günter fest. »Der Kunde kriegt nichts von uns geschenkt.« Moment, nicht ganz. Geschenke müssen nicht immer nur finanzieller Natur sein. Oft haben Kundenschweinehunde noch ganz andere Bedürfnisse: Zum Beispiel wollen sie sich beachtet fühlen oder ernst genommen oder gut bewirtet oder sonst irgendwie gebauchpinselt. Hierbei heißt deine Währung dann Aufmerksamkeit – und kann viel mehr wert sein als Geld! So will dein Kunde vielleicht einfach nur mal hören, dass er recht hat, weil ihm das sonst kaum jemand sagt. Warum also nicht einfach »Ja, du hast recht!« sagen, wenn er dich um deine Meinung bittet? Zustimmung kann die wertvollste Motivation sein.

Leider nur folgt diesem »Ja« oft mechanisch ein »Aber«. Gerade bei Günter, wenn er sich nicht gern auf Zugeständnisse einlässt, hört sich das schon fast an wie ein Wort: »Jaaber«. Dabei besteht die wahre Kunst nur darin, »aber« in »und« zu verwandeln. So, als hättest du keine Gegenposition, sondern würdest dich zusammen mit dem Kunden vom »Ja«-Sprungbrett aus auf eine höhere Ebene trauter Gemeinsamkeit katapultieren. Und dann sagst du das Gleiche, was nach dem »Aber« gekommen wäre: »Ja, da hast du recht! Und ich finde, dass man das auch so und so sehen kann ...« Vielleicht ja ganz anders? Aber trotzdem behält dein Kunde recht. Geschenk sei Dank!

Schließ Geschäfte unbedingt
in der Gewinnzone ab,
nie in der Verlustzone!

16. Bis hierher und nicht weiter!

»Ja, und was ist, wenn einen der Kunde in die Defensive drängt?«, kontert Günter bravourös. »Dann macht man am besten schnell seinen Abschluss und verzieht sich leise ...« Nicht ganz, Günter! Erstens hast du den Kunden viel besser im Griff, wenn du ihm Aufmerksamkeit und Bestätigung schenkst, denn innere Schweinehunde haben gelernt, dass man sich für Geschenke brav revanchiert – mit Aufmerksamkeit und Bestätigung deiner (Preis-) Bedürfnisse. Und zweitens musst du trotzdem schon wissen, wo deine Preisuntergrenze liegt – und diese natürlich verteidigen: »Nein, bis hierher und nicht weiter!«

Wenn du übrigens in die Nähe deiner Preisgrenze kommst, darfst du das auch schweinehundegerecht kommunizieren: mit Erstaunen, Entsetzen, Enttäuschung oder Empörung – über einen so unfairen Gesprächspartner. Wetten, dass der sich gleich wieder an die Revancheregel erinnert und höflich wird? Nur eines darfst du dann nicht tun: weiter zurückrücken und die Grenze vom Geschäft zum Verlust überschreiten. Aktienbesitzer nennen den Punkt, bei dem sie »Bis hierher und nicht weiter!« sagen, übrigens die »Stop-Loss-Linie«. Verkauft werden muss vorher.

Die drei Gretchenfragen:

- Wird der Kunde entscheiden?
- Worüber wird er verhandeln wollen?
- Und will er haben, was vorgeschlagen ist?

17. Drei Gretchenfragen

»Oh Mann, das nervt!«, motzt Günter. »Ich will doch nur verkaufen und nicht Psychologie studieren!« Klar: Mit dieser Einstellung sind für Günter die meisten Kunden ein Buch mit sieben Siegeln. Ein ewiges Rätsel. Ein großes Fragezeichen. Und weil er so jedes Mal wieder von vorne anfangen muss, um aus seinen Gesprächspartnern schlau zu werden, versucht er es erst gar nicht. »Man muss die Kunden eben so nehmen, wie sie kommen, sich nicht zu viel dabei denken und zusehen, dass alles trotzdem irgendwie hinhaut«, findet er. Auf einen Spruch zu diesem Thema ist Günter besonders stolz: »Kunden sind wie der Inhalt einer Frauenhandtasche: chaotisch organisiert, vom Zufall bestimmt und das Wichtigste immer zuunterst.« Oh, Günter ...

Statt Witze zu reißen, könnte Günter auch schlau vorgehen und nach Prinzipien suchen, die trotz aller Einzelschicksale die Kundenwelt zusammenhalten. Und so käme er darauf, dass er sich mit drei schlichten Fragen für alle Gespräche wappnen kann. Erstens: Wird der Kunde selbst entscheiden und kein anderer? Zweitens: Worüber wird er verhandeln wollen? Drittens: Will er genau das haben, was vorgeschlagen ist? Die Zahl der möglichen Antworten ist begrenzt. Und auf jede Antwortmöglichkeit kann man sich vorbereiten und aus Fragezeichen werden Punkte. Kunden ein Rätsel? Ja, wo denn?

Toter Punkt?
Macht nichts:
Einfach abwarten
und Tee trinken!

18. Wiederbelebung am toten Punkt: Vom Jetzt zum Später

Selbst wenn eine Verhandlung mal am toten Punkt angekommen ist, hilft ein wenig Psychologie! Vielleicht kennst du das ja: Alle Argumente sind ausgetauscht, alle Vorschläge besprochen, keiner kann sich mehr bewegen – oder will vielleicht auch nicht. Der tote Punkt eben. Für den psychologisch ungeschulten Günter ein ideales Ausstiegsszenario: »Na, dann eben nicht!« Und weg ist das Geschäft ...

Unnötig! Denn nur ein kleines Wort kann der ganzen Situation eine völlig neue psychologische Perspektive geben: »Später!« Also: Dann eben nicht jetzt, sondern später. Einfach mal das Problem im Hinterkopf abspeichern oder als »noch ungelöst« notieren. Locker bleiben, das Thema einfach mal fallen und das Gespräch in eine andere Richtung gehen lassen. Vielleicht ist ja Zeit für einen Kaffee? Für ein paar Minuten frische Luft? Oft ergibt sich aus einem solchen Umweg ein neuer Kurs zum Ziel. Auch wenn es dann vielleicht etwas länger dauert. Wer weiß schon, welche neuen Gedanken in einer Stunde da sind? Oder in einer Woche? Oder gar erst in einem Jahr, wenn sich der Markt weiterentwickelt hat? Cool down: Jetzt muss gar nichts gehen. Aber warum nicht später?

Nur keine Erpressbarkeit:
Du musst immer sofort erklären können,
welchen Nutzen du bringst!

19. Erpressbarkeit vermeiden

»Ich war jung und brauchte das Geld.« Na, in wie vielen Karrieren hat dieser Satz schon herhalten müssen, um Ausrutscher zu kaschieren? Zwar kennen wir ihn vor allem aus dem Showgeschäft, aber im Verkauf ist er genauso zu Hause: »Ich bin neu im Markt und brauche den Auftrag« oder »Einmal Nachlass ist keinmal« oder »Wenn ich diesen Auftrag nicht kriege, sieht es düster aus«. Und schon lassen wir uns auf windige Kompromisse, Notlösungen und wieder einmal Rabatte ein. Doch wenn sich Kunden etwas merken und daran kleben bleiben, dann sind es die Nachlassprozente, auf die du dich einmal festgelegt hast. Wie beim Klebstoff: Den kriegst du auch nicht in die Tube zurück. Dabei ist es für Nachlässe später noch früh genug!

Schade, denn wer einmal statt des kleinen Fingers nicht nur die ganze Hand abgibt, sondern vielleicht sogar den kompletten Arm, macht sich zukünftig erpressbar. »Mit dem kann man alles machen« heißt es dann oder »Wenn du mir keinen billigeren Preis gibst, kaufe ich woanders«. Und tatsächlich, mit dir kann man es machen! Es sei denn, du hast ganz fix alle Argumente parat: Worin bist du besser als andere? Erstklassiger Service? Hohe Produktivität? Besondere Aktualität? Gute Qualität? So kannst du den Preis vergessen! Erpressbarkeit? Nein!

Hinter jeder
Verhandlung
stecken Motive.
Frage dich,
welche?

20. Motive haben viele Gesichter

Neben dem Preis findet Günter oft auch ein hohes Verhandlungstempo wichtig: »Je schneller der Deal im Sack ist, umso besser.« Aber das muss nicht unbedingt auf deine Verhandlungspartner zutreffen. Manchen können Verhandlungen gar nicht lange genug dauern! Möglicherweise, weil das ihren Job sichert? Oder weil sie Spaß am Kämpfen haben und es ihnen um Sieg und Anerkennung geht? Oder weil sie unbedingt von dir hören wollen: »Nur für Sie mache ich das möglich«? Manchmal steckt hinter einer vermeintlichen Hinhaltetaktik auch nur Unerfahrenheit oder Zweifel. Du merkst schon: Hinter jeder Verhandlung stehen Motive, die du kennen solltest.

»Motive?«, wundert sich Günter. Klar: Denn letztlich sind es nur die Motive, die uns dazu bewegen, etwas zu tun oder zu lassen. Also, verhandle nie nur den Preis und die Leistung, sondern vor allem immer die begleitenden Motive! Hör genau zu und mach dir ein Bild von deinem Verhandlungspartner, von seinen Wünschen, Zielen und Gefühlen! Sammle Informationen über seine Welt, über die Kräfte, die auf ihn wirken. Auch Firmen oder Abteilungen haben Motive. Frage dich, welche! Und dann hilf dabei, die Motive zu bedienen. Denn das schafft Motivation – und Bewegung. Beweg dich auf deinen Kunden zu! Und er wird sich auf dich zubewegen.

Ein guter Preis hängt von mehr ab
als allein vom Zahlenwert: Welche
Erwartungen hat dein Kunde noch?
Was bietest du ihm alles an?

21. Was ist ein »guter« Preis?

Apropos Motive: Dass Kunden nichts gegen einen guten Preis haben, dürfte klar sein. Aber wenn wir uns fragen, welche Motive dahinterstecken, müssen wir auch fragen, was einen guten Preis ausmacht. Dein Kunde versteht darunter nämlich viel mehr als nur den Wunsch, wenig Geld auszugeben. (Und falls es ihm doch allein um den Preis geht, erinnerst du ihn einfach daran, was er sich darüber hinaus noch alles wünscht!)

Also, welche weiteren Bedürfnisse, Ziele und Wünsche schwingen beim Gespräch mit? Das ist zum einen mit Sicherheit die Position seiner Firma am Markt, zum anderen aber auch seine eigene Position in der Firma. Er will »gut« dastehen. Vielleicht braucht er dafür ja ein paar Informationen, die über die reine Beschreibung der Vorzüge deines Produkts hinausgehen? Fallstudien, Marktdaten, Zeitschriften und so weiter – gib sie ihm! Frag ihn: »Mit welchen Informationen kann ich Ihnen nützlich sein?« Vielleicht kannst du den Kunden auch einfach beraten. Das sähe dann etwa so aus: »Wo sehen Sie sich in zehn Jahren?« Und plötzlich redet ihr über viel mehr als Produkte und Preise. »Wie kann ich sie unterstützen? Und das nicht nur heute, sondern auch morgen. Oder übermorgen. Oder zehn Jahre lang ...?« So etwas nennt man ganzheitliche Betreuung.

Verkauf dir deine Preise zuerst selbst.
Und dann dem Kunden.

22. Preise sich selbst verkaufen

»Aber was ist denn, wenn du deine Preise selbst für überteuert hältst?«, zweifelt Günter nun. »Dann kannst du so viel bauchpinseln, wie du willst: Zu teuer ist zu teuer!« Tja, und wenn der Kunde dann »Zu teuer« sagt, denkt Günter nur: »Genau, für den Preis würde ich das auch nicht kaufen.« Und ganz automatisch fängt er an zu nicken. Dumm gelaufen – der Kunde denkt nun: »Hab ich dich!« und dreht weiter an den Daumenschrauben.

Trick 17 gegen Selbstzweifel: Verkauf dir deine Produkte erst mal selbst, bevor du zum Kunden gehst! Dann bleibst du auch in der schlimmsten »Spar-und-Knauser-Krisenzeit« standhaft. Und wie geht das? Zum Beispiel, indem du eine Liste mit zehn Punkten erstellst, die erklären, warum deine Preise absolut in Ordnung sind. Punkt eins könnte also heißen: »Weil wir das genau ausgerechnet haben.« Punkt zwei vielleicht: »Weil wir nicht an der Qualität sparen wollen.« Klar ist: All das sind gleichzeitig Versprechen an deinen Kunden. Genauso wie Punkt zehn: »Sie können mir vertrauen. Ich will ja nicht den schnellen Euro verdienen, sondern viele Jahre mit Ihnen im Geschäft bleiben! Und das geht nur mit ehrlicher Ware zu ehrlichen Preisen.« Dabei darfst du dann auch nicken. Wichtig ist aber: Hinter jedem dieser Punkte musst du wirklich stehen! Also denk ganz genau nach.

Manche Infos sollte man sich
von Fachleuten holen.

23. Günter holt sich Hilfe

»Jetzt wird es aber wirklich mühsam«, motzt Günter. »Jetzt soll ich mir sogar schon vor dem Gespräch Argumente ausdenken? Blödsinn. Sicher fällt mir alles auch ganz spontan ein.« Sicher nicht, Günter! Klar weißt du halbwegs Bescheid, wie die Firma läuft, was die Produkte können, warum die Preise so sind, wie sie sind. Schließlich bist du ja nicht auf den Kopf gefallen. Aber dass man sich in wirklich allem auskennt, gibt es nicht – vor allem nicht im Eifer des Verhandlungsgefechts. Besser also, du verlässt dich nicht nur auf deine große Klappe nach dem Motto »Da quatsche ich mich dann schon wieder heraus«.

Wenn es wirklich darauf ankommt, stößt man manchmal ziemlich schnell an seine Grenzen. Und irgendwann steckt man fest und verliert alles. Denk doch mal an die 250 000-Euro-Frage bei »Wer wird Millionär?«! Wie praktisch ist es dann, noch den 50/50- und den Telefonjoker übrig zu haben! Du brauchst zwar nicht gleich das ganze Publikum zu fragen, aber ein paar Experten aus deiner Firma, die dir mit echtem Insiderwissen helfen können, die wären doch nützlich, oder? Zum Beispiel die aus der Technik, die dir erklären, warum eure Maschinen mehr Leistung bringen als die der Konkurrenz. Oder die aus der Buchhaltung, die dir verraten, wie zuverlässig dein Kunde zahlt. Günter grinst. »Schon kapiert. Gib mir mal deine Telefonnummer ...«

Wer sich selbst Ziele setzt,
ist erfolgreicher.

24. Sich selbst Ziele setzen

»Los geht es!«, freut sich Günter und zögert dann doch. »Aber wie?«, fragt er. Indem du dir selbst Ziele setzt! »Schon wieder die Sache mit den Zielen?« Na klar! Schau mal, eigentlich brauchst du erst mal ja nur drei Dinge: den Namen eines potenziellen Kunden, seine Telefonnummer und etwas zu verkaufen. Die ersten zwei kommen aus einer Datenbank, das dritte stammt vom Chef: »Günter, bis Ende des Monats hast du 50 Teile verkauft oder es rappelt im Karton.« »Siehst du!«, triumphiert Günter. »Wozu jetzt noch selbst Ziele setzen? Das reicht doch, oder? An Eindeutigkeit nicht zu überbieten! Und außerdem haben wir ja bis zum Monatsende Zeit. Das gehen wir mal ganz locker an.«

Sicher, Günter? Wie wäre es denn, die 50 schon bis zum 20. des Monats verkauft zu haben? »Was soll denn der Stress?« Günter wird richtig sauer. »Dann verschenkst du ja zehn Tage!« Und wenn du an diesen zehn Tagen noch einmal 25 Stück verkaufst und dafür eine satte Prämie kassierst? Günter spitzt die Ohren. »Prämie? Klingt gut. Das macht dann also ... Wow!« Genau! Und wie geht das? Na, indem man sich Ziele selbst setzt und vom ersten Tag an alles dafür tut, sie zu erreichen oder zu übertreffen! Übrigens, das gilt nicht nur bei der Stückzahl, sondern auch beim Preis. Und dann rappelt es nicht im Karton, sondern es klimpert in der Kasse. Und in gewisser Weise wirst du dann sogar dein eigener Chef ...

Nicht ein Abschluss
ist wichtig, sondern
ein guter Abschluss.

25. Zwischenschritte definieren

»Praktisch, das mit den Zielen«, denkt sich Günter nun. »Dann weiß man auch wenigstens, warum man sich die ganze Arbeit macht. Außerdem kannst du mit einer Strichliste Buch führen – zur besseren Kontrolle und zum Sammeln von Erfolgen. Ach, wird das ein herrliches Leben! Zuerst machen wir mal bis zum 20., dann vielleicht schon bis zum 15. und irgendwann ist alles schon am 1. verkauft und der Rest des Monats ist frei. Das wird ein Fest!« Günter fühlt sich großartig. Wie der Superverkäufer schlechthin. Wie ein absoluter Gewinner. Wie, wie, wie ... der Gewinner der Tour de France!

Klingt ja ganz gut, Günter. Nur könntest du nun Gefahr laufen, schlampig zu werden. Denn ein Abschluss ist noch nicht unbedingt ein guter Abschluss! Schließlich darf »ein« Abschluss nicht »irgendein« Abschluss sein, sondern muss sich wirklich lohnen. Er gehört also auf Euro und Cent festgelegt. Wie im Navi das Fahrtziel. Mit der einfachen Frage »Was will ich erreichen?« fängt es an. Mit »Wie will ich es erreichen?« geht es weiter. Und mit »Was muss ich dafür tun?« hört es noch lange nicht auf. Also, Günter: Wo soll es denn hingehen?

Jede Verhandlung besteht aus einzelnen Etappen:

Wo sind die Gemeinsamkeiten zwischen Angebot und Nachfrage? Was kannst du anbieten?

Wie weit will der Kunde gehen? Für welchen Preis gibt es was?

Und Abschluss!

26. Etappen – eines nach dem anderen

Apropos Tour de France: ein gutes Beispiel! Deren Sieger muss drei ganze Wochen auf sein Ziel zuradeln und dabei 20 Etappen durchhalten. Denn wie beim cleveren Verhandeln gilt: eines nach dem anderen. Er kann nicht die ganze Strecke mit Vollgas durchfahren oder gar etwas überspringen. Auch Hauruck-Verhandlungen klappen fast nie – selbst wenn du immer ganz schnell fertig sein willst. Also: Gib dir doch auch für jede einzelne Verhandlung Zwischenziele vor! »Ja, welche denn?«

Nun, ganz einfach: Zwischenziel eins ist, zu testen, wo Gemeinsamkeiten zwischen Angebot und Nachfrage liegen. Zwischenziel zwei heißt, zu checken, wie viel du anbieten kannst. Zwischenziel drei ist, rauszukriegen, wie weit der Kunde gehen will. Zwischenziel vier, über den Preis zu reden und zu definieren, was der Kunde dafür kriegt. Und erst Zwischenziel fünf ist nun der Abschluss. Also: Verhandeln ist ein Prozess, kein einmaliges Ereignis. Klar? Jedes Mal ein Stückchen mehr vom Kuchen und nicht gleich alles auf einmal – sonst gibt es Bauchschmerzen. Na, wie klingt das? »Danach, dass ich doch nicht am 1. des Monats fertig bin und dann frei habe«, mault Günter. »Das ist ja echte Arbeit! Geht das nicht schneller?« Und eigentlich meint er bequemer. Klar, Günter, alle anderen gehen die volle Tour und du lässt dich mit dem Taxi bis 100 Meter vors Ziel chauffieren … Ha, ha, ha!

Sehr wichtig: Wer trifft beim Einkauf wirklich die Entscheidungen?

27. »Wer spricht mit Würstchen Nummer sieben?«

»Aber manchmal ist es schwierig, mit einem einzigen Verhandlungspartner alle Verhandlungsetappen zu durchlaufen«, schränkt Günter ein. »Oft quatscht noch irgendjemand rein, mit dem du vorher nicht gerechnet hast.« Gutes Stichwort, Günter! Denn im eigenen Kopf sind die Schweinehundehierarchien ja klar. Schließlich gibt es da nur einen: Günter. Und der befiehlt, was Sache ist. Fremde Anweisungen befolgen? Wo kämen wir da hin! Im Gespräch mit dem Kunden aber sieht die Sache anders aus. Ist unser Gesprächspartner nur das ausführende Würstchen Nummer sieben oder der oberste Wurstkoch? Wenn wir das nur mal wüssten! Am Ende vergeuden wir nur Zeit und Arbeit mit Leuten, die gar nichts zu sagen haben? Oder denen andere beliebig reinreden? Oder die sich irgendwann ausklinken mit der Begründung: »Das muss mein Chef entscheiden«?

Warum fragt Günter eigentlich nicht einfach: »Sagen Sie mal, wie ist denn bei Ihnen die Einkaufsabteilung gegliedert? Reden Ihnen auch so viele rein wie mir? Kann ich Ihnen Argumente an die Hand geben, die Ihnen bei Ihren Vorgesetzten hilfreich sind? Wer entscheidet denn am Ende bei Ihnen – ich hoffe doch, Sie? Bei Ihrer Kompetenz!« Ja, warum fragt er das nicht? Aus Angst, als neugierig zu gelten? Aber nein, er ist doch nur konstruktiv interessiert!

Buying-Center
spiegeln die
Gesamtinteressen
des Kunden wider.

Denk dich
in alle hinein!

28. Viele Interessen gehen einkaufen

»Und was, wenn die Einkaufsabteilung in irgend so einem »Buying-Center« sitzt?«, empört sich Günter. »Du weißt schon: so ein Haufen gleichgeschalteter Einkäufer, eingepfercht in ein Großraumbüro ...« Aber Schweinehund! Du solltest deine Klischees überdenken. Du lässt doch deinen Geldbeutel auch nicht alleine entscheiden, was es morgen zum Essen gibt! Was glaubst du wohl, woher Einkäufer wissen, was für ihre Firma optimal ist? Woher sie die Anforderungen aus der Produktion oder der Prozesssteuerung kennen? Ist doch logisch: Das Buying-Center spiegelt die ganze Vielfalt der Interessen des ganzen Unternehmens wider! Anwender, Einkäufer, interne und externe Beeinflusser sowie die Entscheider spielen da ihre Rollen: jeder für sich – und alle miteinander!

Also, statt arrogant zu motzen, denkst du besser darüber nach, welche Kriterien für jeden wichtig sind, wer von wem abhängig ist, wer für die Entscheidung welches Gewicht hat, wie sich die Gruppen bei welchen Konflikten verhalten und ob es da vielleicht Verbündete abseits des direkten Ansprechpartners gibt, mit deren Hilfe du weiterkommst. Und siehe da: Schon hast du eine prima Analyse, samt lauter guten Hinweisen, worüber du beim Kunden sprichst und mit wem. Außerdem weißt du, welche Maßnahmen du selbst als Nächstes ergreifst. Ein »Selling-Center« aufmachen vielleicht?

Auch erste
Präsentationen
sollten bereits auf
Entscheidungen
abzielen.

29. Präsentieren, um entscheiden zu helfen

Neben dem Wissen über die Kundenbedürfnisse ist natürlich auch wichtig, wie du deine Produkte präsentierst. »Präsentieren? Das ist einfach!«, meint Günter. »Hinfahren, auspacken, herzeigen, einpacken, heimfahren.« Für ihn ist eine Präsentation so etwas wie ein erstes Kennenlernen – mehr nicht. »Da ist nicht viel dabei! Das merkt man ja auch daran, was die Leute hinterher zum Abschied so sagen: ganz interessant, wir hören voneinander und so weiter.« Aha …

Klar, wenn du bei deinem Auftritt nicht mehr vorhast als ein Plauderstündchen, kommt natürlich auch nicht mehr heraus. Schade: Zeit und Geld verschwendet! Nicht nur bei dir, sondern auch beim Kunden – ganz schlecht. Ein echter Profi hingegen beginnt jede Präsentation immer auch mit dem Ziel, gleich eine Entscheidung herbeizuführen. Denn warum warten? Und worauf? Sicher springt nicht immer gleich ein direkter Vertragsabschluss heraus. Vor allem nicht, wenn es um größere Summen geht. Aber eine Entscheidung für den Weg dorthin sollte drin sein! Zum Beispiel, dass der Kunde »Ja« sagt zu deinem Vorschlag, eine gemeinsame Arbeitsgruppe für die Systemanforderungen zu bilden. Oder dass er sich bereit erklärt, mit dir ein Referenzunternehmen zu besuchen, wo deine Lösung schon läuft. Oder, oder, oder.

Schreib bereits während der
Präsentation die wichtigsten
Punkte mit – mach den ersten
Projektplan direkt fertig!

30. Mach ein Projekt daraus!

Da wir gerade beim Präsentieren sind – auch hier gilt natürlich wieder: genau hinhören, Erwartungen abklären, einhaken, sprich alles, was dich dem Kunden näherbringt! Und wenn du es ganz besonders schlau anstellst, hast du am Ende der Präsentation auch schon den fertigen Projektplan in der Tasche! Günter fühlt sich verschaukelt: »Ich bin vielleicht träge, aber nicht doof. Pure Fantasie ist das! Es wäre ja schon super, wenn die nicht gleich die Prospekte zurückgeben. Außerdem braucht man für so einen Projektplan doch Tage, wenn nicht Wochen!«

Okay, dann nennen wir es eben zunächst nicht Projektplan, sondern Protokoll. Der Trick dabei ist, dass du nichts im stillen Kämmerlein zu Hause aufschreibst, sondern am besten direkt während der Präsentation auf deinem Laptop mitschreibst: was du anbietest, was die Kunden dazu sagen, was sie sich wünschen, an welche Zeiträume sie denken. Am besten als Aufzählung, also Punkt für Punkt, Inhalte, Termine, Verantwortlichkeiten. Nimm dazu doch einen Kollegen mit, der das im Hintergrund erledigt und die Punkte sortiert. Und am Ende drehst du den Beamer auf und sagst lächelnd: »Meine Damen und Herren, sehen Sie mal, wie produktiv wir waren: Der Projektplan steht schon. Das spart uns ein Dutzend Briefings und Abstimmungen.« Cool, oder?

Keine Angst vor Einwänden: Sie helfen dabei, den Kunden besser zu verstehen.

31. Nichts dagegen einzuwenden

»Und was, wenn der Kunde Einwände vorbringt?«, jammert Günter gleich weiter. »Da bricht mir jedes Mal der Schweiß aus.« Klar, Günter: Du versuchst dann ja auch, dich so gut es geht aus der Affäre zu reden, und hoffst, dass bald wieder ein positives Thema kommt. Nur wie, glaubst du, fühlt sich dein Kunde dabei? Hat er dann wohl das Gefühl: »Guck an, der Günter! Der weiß mit Kritik umzugehen!«

Im Gegenteil! Er wird sich denken: »Der windet sich ja wie ein Wurm! Wie will der meine Interessen vertreten, wenn es hart auf hart kommt?« Doof für dich, denn mit seinen Bedenken, mit seiner Kritik hatte dir der Kunde eigentlich signalisiert: »Ich nehme dich ernst. Ich erwarte konstruktive Ideen von dir.« Schließlich stecken in jedem Einwand mehr Chancen für ein konstruktives Gespräch als in allen Garantien, Services und Referenzen zusammen. Und du kannst daraus auch genau erkennen, auf Basis welcher Überlegungen dein Kunde entscheidet. Am besten ist es also, du provozierst einen Einwand sogar selbst: »Ich vermute mal, unser Produkt passt genau in Ihre Expansionsstrategie. Oder täusche ich mich?«

Wenn jeder bekommt, was ihm
besonders wichtig ist,
fühlt sich jeder
als Sieger.

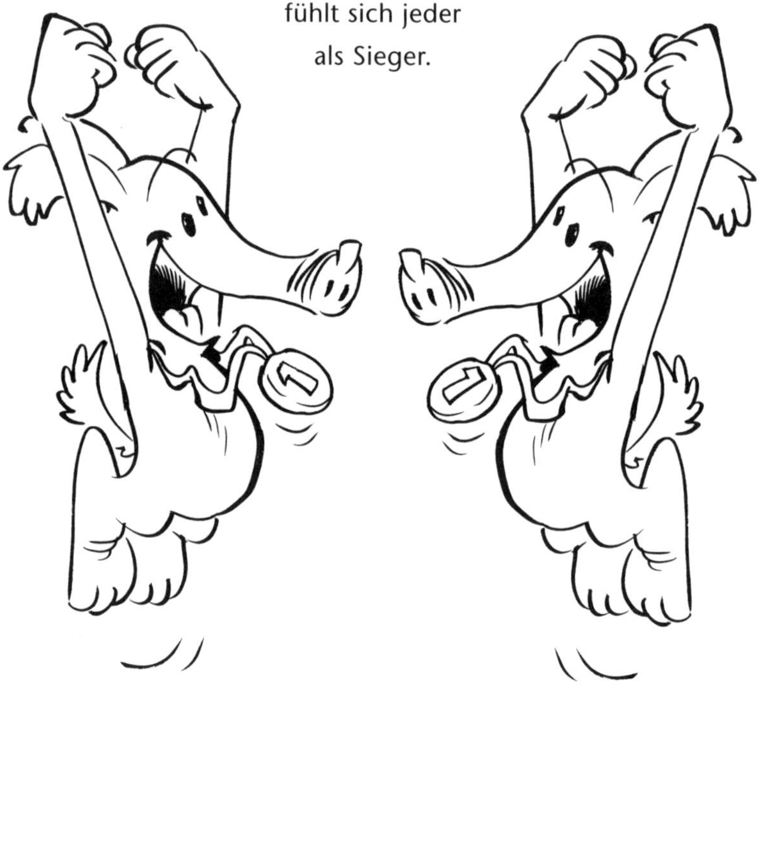

32. »Everyone's a winner, baby!«

»Und wenn bei den Einwänden ein Streit herauskommt?« Aber, aber! Klar, wenn zwei Hunde miteinander Ärger haben, wollen beide gewinnen. Und manchmal beißen sie dann sogar zu, was ziemlich wehtun kann. Aber gilt das auch für innere Schweinehunde? Nicht zwangsläufig! Zwar wollen auch Schweinehunde gerne gewinnen, aber wo es Sieger gibt, gibt es Verlierer – und wenn beim Verhandeln einer verliert, dann sieht es meist dumm für beide aus: Verhandlung gescheitert, Beziehung beschädigt, beide verloren. Pech gehabt.

»Oje!«, fürchtet sich Günter weiter. »Dann also lieber gleich vor den Kundenwünschen kuschen?« Nicht nötig, Günter. Lass nur einfach einen Buchstaben weg: »Kuchen« statt »kuschen«! Denn manchmal liegt die Kunst beim Verhandeln darin, die Stücke auf dem Tortenblech so zu verteilen, dass jeder meint, er bekomme das größte und beste. Und wenn du darauf achtest, dass der andere seinen Lieblingskuchen kriegt, kriegst du auch deinen! Ganz einfach. Übrigens, auch echte Hunde wenden diesen Trick an! Dann nehmen sie beim Gassigehen buchstäblich ihr Herrchen an die Leine. Der meint zwar dann, er habe alles im Griff, aber letztlich bestimmt Fido, wo der Weg hingeht. Also, mach auch du dich zum Problemlöser und Navigator deines Kunden, führe ihn auf den rechten Weg – und er wird so viel leckeren Kuchen finden, dass er sich genauso als Gewinner fühlt wie du! Guten Appetit.

Angebote auf die Schnelle?
Finger weg!

33. Angebote auf die Schnelle

»Okay!«, erklärt Günter. »Dann soll der Kunde also immer schön seinen Kuchen kriegen?« Nicht immer. Es gibt schon Ausnahmen. Zum Beispiel das berühmte Angebot »auf die Schnelle«: Kurz vor fünf, das Telefon klingelt. Muss das noch sein? Hört sich nach Arbeit an. Und siehe da: Stimmt! Da will einer ganz dringend »heute noch« ein Angebot. Für die Besprechung morgen früh. Na, wie gefällt dir das, Günter? »Überhaupt nicht! Auf einmal totaler Stress, und irgendwie kommt das Gefühl auf, dabei nur den Kürzeren ziehen zu können.« Klar: Schon allein weil keine Zeit mehr zum Nachdenken und Verhandeln bleibt! Aber was sollst du tun? Umsatz lockt. Und der Kunde macht auch noch Witzchen, freut sich auf einen »Super-Last-Minute-Preis« ...

Stopp, so nicht! Denn meist nützt »last minute« mehr dem Kunden als dem Verkäufer. Aus Win-win wird dann nichts. Wie sollst du auch so schnell glaubhaft ein Angebot mit Mehrwert schreiben? Und warum braucht der Kunde das Angebot überhaupt »jetzt noch schnell«? Will er vielleicht gar nicht bei dir kaufen? Will er vielleicht nur ein Angebot, weil er unbedingt drei davon braucht? Sonst darf er womöglich nicht entscheiden. Also, klär doch erst mal ab, ob sich die Arbeit wirklich lohnt. Und tu nichts, wenn es sich nicht lohnt. »Klingt gut!«, freut sich Günter. »Finger weg von Schnellschüssen!« Recht hat er.

Kläre zuerst das Potenzial deiner Kunden: Sind sie Mitnehmer, VIPs, Ungläubige oder lohnende Ziele?

34. Potenziale klären

»Oha!«, sagt Günter. »Dann habe ich schon oft zu überstürzt gehandelt ...« Na ja, es ist eben noch kein Meister vom Himmel gefallen. Hauptsache, du schaust in Zukunft ein wenig besser hin. So kommst du viel weiter.

Es gilt eben: Erst die Fakten checken! Welchen konkreten Bedarf hat der Kunde? Du wirst überrascht sein, wie präzise die Auskünfte werden, wenn du direkt danach fragst: Was brauchen Sie denn genau? Wann brauchen Sie es? Wie viel davon? Für wie lange? Und so weiter. So kannst du auch deine Kunden in vier Gruppen einteilen. Die »Mitnehmer«, die sowieso kaufen, aber wenig Umsatzpotenzial haben. Die »VIPs« mit guten Chancen und großem Volumen. Die »Ungläubigen«, die an Konkurrenten gebunden sind und erst missioniert werden müssen. Und die »lohnenden Ziele«, die zwar noch weit weg sind, aber bei denen andere schon gutes Geld verdienen. Wenn du diese Gruppen klar erkannt hast, kannst du in aller Ruhe auf sie zugehen.

Steht in deinem
Angebot auch
alles drin, was
dem Kunden
wichtig ist?

35. Drum prüfe, wer ein Angebot macht!

»Also, fühlen wir dem Kunden immer ein bisschen auf den Zahn, bevor das Angebot aus fertigen Textbausteinen aufs Faxgerät wandert«, freut sich Günter. Und schon denkt er sich ein paar unpassende Formulierungen aus: »Reicht es bis morgen?« oder »Was bietet denn die Konkurrenz so an?«

Viel zu plump, Günter! Eleganter geht es, indem du dir die wichtigsten Fragen erst einmal selbst stellst – und die Antworten dann ganz elegant ins Angebot einfließen lässt. »Ja, welche Fragen denn?« Zum Beispiel: Bin ich mir sicher, dass mein Angebot alle Wünsche des Kunden abdeckt? Geht mein Vorschlag auch an den Entscheider? Habe ich alle meine Positionen klar abgesteckt – und trotzdem noch Verhandlungsspielraum gelassen? Werden die Probleme des Kunden angesprochen, die er mit meiner Hilfe lösen kann? Sind ausreichend Ansatzpunkte für ein Nachfassen enthalten? Habe ich mit dem Rückruftermin die Bedenkzeit überschaubar gehalten? Und steht irgendwo der besondere Satz, der nicht aus dem Phrasenlexikon des Verkaufstrainings stammt?

Wenn das Angebot alle diese Fragen positiv beantwortet, dann Gratulation! Dein Kunde bekommt mit dem Angebot nicht nur ein Blatt Papier, sondern echte Informationen – und ihr müsst nicht nur übers Geld sprechen. So wird ein Verkauf daraus. Wenn nicht? Dann Altpapier.

Oft entscheiden die grauen Eminenzen im Hintergrund. Gefällt dein Angebot auch ihnen?

36. Und wer entscheidet?

Übrigens erinnere dich daran, dass die Entscheidung, den Handel abzuschließen, nicht immer von deinem direkten Verhandlungspartner getroffen wird! »Ja, schon klar«, mault Günter. »Am Ende entscheiden sogar mehrere! Pfui!«

Cool down, Schweinehund. Mehrere Verhandlungspartner machen alles ein bisschen anspruchsvoller, aber nicht unlösbar. Besser, du schaust einfach genau hin, wer am meisten zu sagen hat! »Ist doch klar, wer. Derjenige, der am meisten redet, hat am Ende das letzte Wort.« Das mag vielleicht bei der berühmten »Quengelware« an der Ladenkasse so sein, wo Kinder ihren Eltern so lange in den Ohren liegen, bis die sich erweichen lassen. Verhandlungen aber hängen oft von den »grauen Eminenzen« im Hintergrund ab! Und die quatschen nicht so viel. Also achte darauf, dass deine Argumente gerade bei denen ankommen, deren Meinung oder Überzeugung den Ausschlag gibt. Unterschätze nie die Schweiger und stillen Beobachter! Die Antwort auf die Frage »Wer entscheidet?« weist dir den Weg für deine Verhandlungsstrategie. Wenn du sie nicht kennst, finde sie heraus – noch bevor du ein Angebot machst!

Sind deine Angebote individuell
auf den Kunden zugeschnitten,
verkaufen sie sich selbst.

37. Gute Angebote verkaufen sich selbst

Wie sehen denn deine Angebote aus, Günter? »Vielen Dank für Ihre Anfrage vom Soundsovielten. Gemäß unseren umseitigen Geschäftsbedingungen bieten wir Ihnen entsprechend Ihrer Spezifikation freibleibend an: erstens, zweitens, drittens ...« Na, viele Worte scheinst du ja nicht zu machen. »Klar«, bestätigt Günter. »Dank Textbausteinen im Computer. Damit da nichts schiefgeht. Die sind wasserdicht.« Und eine tolle Schlussformel hat er sich auch noch einfallen lassen: »Wir hoffen, Ihnen damit ein gutes Angebot gemacht zu haben, und würden uns freuen, Ihren geschätzten Auftrag zu erhalten. Wir sichern Ihnen schon heute sorgfältigste Ausführung zu. MfG ...« Mal ehrlich bitte: Wie klingt das? Klar, wer solch ein »Schreiben« in die Hand bekommt, wird wirklich nur noch auf den Preis achten. Und sonst auf gar nichts – sonst steht schließlich auch nichts drin ...

Wäre es also nicht schlauer, wirklich einen persönlichen Brief an den Kunden zu schreiben? Auf Verkaufsformulare in Behördensprache hat der nämlich sicher nicht gewartet. Außerdem hilft das »*Sie*-Konzept« mit Formulierungen wie »Angebot für *Ihre* Anlage«, »aufbauend auf *Ihren* Ideen im Gespräch«, »erhalten *Sie* folgenden Vorschlag«. Den persönlichen Bezug lieferst du dem Kunden gleich mit – schließlich kennst du seine Bedürfnisse: »*Ihre* Anforderungen«, »*Ihre* Lösung« und »*Ihre* Vorteile«. So hast du etwas sehr Wirkungsvolles erreicht: ein verkaufendes Angebot! Und nicht vergessen: Gleich den Termin für deinen Nachfassanruf ankündigen!

Wenn sich der Kunde
auf dein Angebot nicht
meldet, melde du dich!

38. »Wie finden Sie mein Angebot?«

Damit dein Angebot nicht in der Luft hängen bleibt oder in einem Schreibtischstapel versauert, solltest du beim Kunden natürlich auch nachhaken – und zwar recht bald. Auch um zu verhindern, dass deine Mitbewerber schneller sind. Sonst hast du dir die Arbeit schließlich umsonst gemacht. Günter aber zweifelt: »Wenn dem Kunden mein Angebot gefällt, meldet er sich schon. Man kann ihn doch nicht fragen: Wie finden Sie denn mein Angebot?«

Sich von selbst melden – das ist ganz wichtig. Kunden schieben ja gerne mal das Geldausgeben nach hinten. Selbst wenn ihnen ein Angebot gefällt, warten sie lieber etwas ab. Vielleicht passiert noch etwas zum eigenen Vorteil, wer weiß? Darum: Raus mit dir auf die Entscheidungsbühne! Biete dem Kunden deine Hilfe an! Sprich noch einmal die für ihn wichtigen Themen an. Stell wieder den persönlichen Bezug her, indem du das letzte Gespräch in Erinnerung rufst. Und leite den Kunden zu einer Grundsatzentscheidung: »Das Angebot enthält alles, was Sie brauchen? Dann haben wir ja eine Basis, um weiter voranzukommen.«

Klare Alternativfragen stellen:
»Möchten Sie A oder B?«

39. Groß oder klein? Blau oder grün?

»Oh, oh!«, warnt Günter. »Aber der Kunde kann doch auch mal Nein sagen statt Ja!« Exakt, Schweinehund: Kunden haben Alternativen. Und klar, dass Günter eher empfiehlt, Fragen zu stellen, die sich nicht so direkt beantworten lassen. »Lieber etwas im Ungefähren bleiben, dann bleibt man auch ungefährdet«, lautet sein Motto. Leider aber kriegen die Kunden damit auch nie das Gefühl, wirkliche Alternativen geboten zu bekommen. Und sind irgendwann dieser Wahllosigkeit überdrüssig ...

Die Kunst liegt also darin, den Kunden Fragen zu stellen, die eine Entscheidung erlauben und deren Antworten dem Verkaufsziel nützen – sogenannte Alternativfragen! Stell dir mal vor, du möchtest ein Hemd verkaufen. Mit »Brauchen Sie ein Hemd?« kassierst du in mindestens der Hälfte der Fälle eine Abfuhr. »Möchten Sie eher ein kurzärmliges oder ein langärmliges Hemd?« enthält dagegen schon mal eine grundsätzliche Zusage zum Hemd. »Uni oder gemustert?« erlaubt dem Kunden die zweite positive Entscheidung. »Blau oder grün?« dann die dritte. »Button-down-Kragen oder klassisch?« und »Mit Brusttasche oder ohne?« die vierte und fünfte. »Mit Monogramm?« führt zum Zusatzgeschäft. Und vielleicht freut er sich ja auch über »Wenn Sie ein identisches zweites Hemd kaufen, erhalten Sie das zweite Monogramm gratis!«

Druck erzeugt Gegendruck –
in manchen Verhandlungen
das Salz in der Suppe.

40. Wie du mir …

»Trotzdem«, zweifelt Günter. »Ist diese Alternativnummer nicht zu direkt? Schließlich setzt sie mein Gegenüber unter Entscheidungsdruck – und das könnte sich rächen.« Ja, tatsächlich: Druck erzeugt Gegendruck. Dieses Gesetz gilt nicht nur in der Physik, sondern überall im Leben. Auch Günter weiß das natürlich. Und weil er ungern Gegenkräfte zu spüren bekommt, versucht er selbst nicht zu viel Kraft aufzuwenden. Gerade auf Kunden Druck auszuüben, das lässt er deshalb lieber sein. Denn wenn diese dann Gegendruck entwickeln: »Oje, oje, oje!«

Doch keine Angst: Manchmal können Druck und Gegendruck wertvoll sein. Ein bisschen Spannung macht schließlich oft Spaß – sogar beim Verhandeln. Und wer sich durchzusetzen weiß, genießt Anerkennung. Also wollen manche Kunden lieber einen Widerstand spüren und ihn überwinden, statt nur den »billigen Sieg« einzufahren. Ja, für manche ist genau das das größte Erfolgserlebnis beim Verhandeln. Sei darum ein tapferer Gegner und starker Partner! Gib dem anderen nie das Gefühl, dass du auf ihn angewiesen bist! Für ihren Erfolg kämpfen manche gerne. Und wenn du schon vorher weißt, in welchem Punkt du den anderen »gewinnen« lässt, tut dir die »Niederlage« nicht einmal weh.

Preis-Sandwich:

Vorteil–Vorteil–Preis–Vorteil–Vorteil!

41. Den Preis ins Sandwich packen

Mit viel weniger Druck hingegen geht es, wenn du deine Verhandlungsposition in ein leckeres Sandwich packst. »Hä?«, wundert sich Günter. »Wie denn das?« Na, stell dir zum Beispiel mal vor, du gönnst dir einen großen Hamburger. Dann bist du meist auch sehr empfänglich für die kleinen Extras: Mit Käse? Aber klar doch! Aufpreis? Egal! Dafür ist der Fixmampf ja dann auch milchproduktveredelt.

Auch deinen Kunden kannst du etwas ähnlich Appetitanregendes anbieten: die Vorteile deines Produktes! Wirfst du aber einfach nur den nackten Preisklops auf den Tisch – ohne Brötchen, ohne Ketchup, ohne Mayo, ohne Senf und ohne Gürkchen –, wunderst du dich, dass der Kunde nicht beherzt zugreift. Dabei sind es doch gerade die würzenden Zutaten, die so manchen Hamburger erst zum Gesamtgeschmackserlebnis werden lassen! Oder die aus einem Produkt eben eine Mehrwertlösung machen.

Profi-Verkäufer nennen das Verfahren die »Sandwich-Technik«: zuerst ein, zwei Vorteile nennen, dann den Preis und dann gleich noch ein, zwei Vorteile hinterher. Lecker! Und anschließend bieten sie auch noch ein Extrascheibchen Käse an …

Die Verhandlung stockt?
Bevor Rabatte Thema
werden: Gesprächsabbruch
signalisieren!

42. »Willst du wirklich?«

»Und was, wenn der Verhandlungspartner trotz Sandwich nicht will?« Na ja, es kann immer mal vorkommen, dass Verhandlungen stocken. Keiner will – oder kann – sich mehr bewegen, für jedes Argument gibt es eines dagegen. »Dann ist jetzt bestimmt die richtige Zeit für Rabatte, oder?« Aha! Günter rät zum Handeln: Ein Rabättchen extra und schon geht die Geschichte weiter? Hm …

Die Idee ist im Prinzip richtig: aktiv werden. Nur die Methode ist falsch: deinem Verhandlungspartner etwas Entgegenkommen abzukaufen – ohne eine Garantie, dass dir damit wirklich geholfen ist. Ein teurer Versuch!

Deshalb: Wenn du schon aktiv wirst, dann richtig! Teste also mal aus, wie ernst es deinem Gegenüber wirklich ist. Will er dich, dein Produkt, deine Dienstleistung wirklich haben? Oder tut er vielleicht nur so? Dann deute doch einfach mal einen Abschied aus dem Gespräch an: »Na, dann kommen wir offensichtlich nicht mehr weiter. Schade.« Oder auch krasser: »Wenn Sie nicht hinter dem Auftrag stehen, dann reden wir besser nicht weiter darüber.« Du übernimmst die Initiative, und schon ist der andere dran, etwas für den Fortgang der Gespräche zu tun. Und jetzt wird klar: Wenn er will, kommt er auf dich zu. Wenn nicht, dann nicht. Und auch das ist ein Erfolg für dich: So vertrödelst du nicht weiter deine Zeit!

Und wenn alles
nichts hilft:
Gespräch
abbrechen!
Sicher findest
du einen neuen
Verhandlungspartner.

43. »Tschüss dann!«

»Und wenn selbst das nichts hilft, was dann? Ist jetzt endlich Zeit für das klitzekleine Rabättchen extra? Mit Geld geht schließlich immer etwas!« Oh nein, Günter. In einer solchen Situation solltest du dir lieber grundsätzlich Gedanken darüber machen, ob du dich von diesem Ansprechpartner nicht besser ganz verabschiedest. Denn wenn er für all deine konstruktiven Vorschläge und Ideen nicht zugänglich ist und immer nur aufs Geld schielt, wird er dir auch in Zukunft keine Freude bereiten. Zumal es ganz so aussieht, als wolle dein Gesprächspartner überhaupt nichts von dir ...

Also, so schwer es manchmal fällt zu akzeptieren, dass die ganze Mühe umsonst gewesen sein soll: Loslassen ist besser als untergehen. »War sehr nett mit Ihnen. Aber Ihrer Taktik bin ich nicht gewachsen. Tschüss dann!« Sicher kennst du noch einen anderen aus dieser Firma, mit dem du mal reden kannst. Oder du wirst einen kennenlernen. Oder wenigstens kennst du einen, der einen kennt. Davon kann man ja nie genug haben – und man macht sich innerlich frei vom Zwang, ganz bestimmte Gesprächspartner behalten zu müssen ...

Sich in andere hineinzudenken ist einfach:
Unterm Strich sind wir alle
ähnlich.

44. Sich in andere hineindenken

»Aber kann man solche Konflikte nicht schon lange vorher verhindern?«, rätselt Günter. »Gedanken lesen müsste man können!« Genau. So wie Mel Gibson im Film »Was Frauen wollen«: Der kriegt da einen elektrischen Schlag – und schon kann er die geheimsten Gedanken seiner weiblichen Umwelt lesen. Wunderbar! Wie viel Zeit und Mühe ließen sich so auch beim Verhandeln sparen? Wie viele Fehlschläge und Irrtümer ließen sich vermeiden? »Schade, dass es das nur im Film gibt ...«, seufzt Günter. Typisch, Schweinehund: immer auf der Suche nach dem leichtesten Weg!

So wie manche Verhaltensweisen »typisch Schweinehund« sind, sind andere Verhaltensmuster und Ideen sehr typisch für uns Menschen! Und genau darum ist es auch gar nicht schwer, sich in Kunden, Lieferanten oder andere Verhandlungspartner hineinzudenken. Denn jeder ist ja immer wieder mal auch in dieser Rolle und will ganz genau das Gleiche: gute Qualität zu einem guten Preis, zuverlässigen Service und persönlich wahrgenommen werden. Man will seine wichtigsten Positionen durchsetzen und so weiter. Tja, und wenn wir uns etwas Mühe geben und uns über unser Gegenüber schlaumachen, fallen uns sicher noch ein paar Wünsche mehr ein. Und schon sind wir mittendrin in den Gedanken des anderen!

Dein Gegenüber macht alles mies? Nicht mitmachen! Bleib positiv und am Ziel orientiert!

45. Sag's mit Blumen!

Wenn du dich in deinen Kunden hineindenkst, wirst du manchmal auch über unangenehme Erkenntnisse stolpern: Unlust, Widerwillen, Ablehnung, Zweifel. Manchmal brauchst du dich dafür nicht einmal extra hineinzudenken – es genügt schon ein einfaches Hinhören. Auch Günter kann ein Lied davon singen: »Da laden die Leute dann all ihren Frust ab! Sie meckern, motzen und schimpfen. Als wäre der andere ihr Mülleimer! Das kommt so negativ rüber – da vergeht einem richtig die Lust am Weitermachen. Zum Kotzen ist das! Total bescheuert!«

Moment! Wenn dir jetzt natürlich nichts anderes einfällt, als mit dem gleichen miesepetrigen Stil zu antworten, dann bist du auch nicht besser! In solchen Verhandlungen bist du deshalb umso mehr gefordert, positiv zu denken, zu sprechen, zu handeln. Damit ist natürlich keine nervige Schönfärberei gemeint nach dem Motto »Wir sind die Besten, Schönsten, Größten«! Aber statt »Ihre Bedenken« kannst du »Ihre Vorschläge« sagen. Oder nicht »Ihre Kritik«, sondern »Ihre Beobachtung«. Verwende lauter positive Formulierungen: »Ihr Wunsch«, »unser Ziel«, »was uns verbindet«, »wie wir beide vorankommen«. Reich deinem Gesprächspartner einen Blumenstrauß, keinen Mülleimer!

Wenn du dich gut auf
Gespräche vorbereitest,
fällt das positiv auf.

46. Gute Vorbereitung ist die halbe Miete

Manchmal haben deine Verhandlungspartner allerdings auch allen Grund zum Motzen. Zum Beispiel, wenn du nicht ordentlich vorbereitet bist. Ganz nach dem Motto: Erst mal anklingeln und abwarten, was passiert! »Irgendetwas wird mir dann schon einfallen!«, denkt Günter sich. Das ist zwar oft stressig, weil er viel nachdenken muss, während der andere spricht – schließlich darf er nie um eine Antwort verlegen sein. Und dabei kann er dann schon mal überhören, dass er gar nicht »Herrn Gutmann« am anderen Ende der Leitung hat, sondern »Herrn Hufmann«. Oder dass er etwas als »neu« anpreist, was dem Kunden schon vor einem halben Jahr im Mailing als »bewährtes, am Markt eingeführtes Produkt« beschrieben wurde. Aber was soll es? Das machen ja alle so, also fällt es nicht weiter auf. »Genau!«

Tut es doch, Günter. Aber anders, als du denkst: Es fällt ihm nämlich sehr positiv auf, wenn dein Kunde das Gefühl hat, dass du gut vorbereitet bist! Und das ist fast so einfach, wie du dir das wünschst. Nur einmal – hörst du, Günter? –, ein einziges Mal eine Checkliste anlegen! Wie die Piloten im Flugzeug. Bist du auf die wichtigsten Fragen vorbereitet? Was sind die wichtigsten Fakten, die du im Gespräch brauchst? Und schon kannst du beim Kunden landen.

Egal, ob B2B
oder B2C –
es geht mehr
um Gefühle,
Eindrücke und
Meinungen
als um Geld.

47. Alle Verkäufer haben einen Bauch

»Schön und gut«, findet Günter. »Aber all diese Verhandlungstipps sind doch viel zu banal für echte Profis! Wenn es wirklich um Kohle geht, nützen sie dir nichts mehr.« Interessanter Gedanke: Macht es einen Unterschied, über den Kauf eines T-Shirts am Urlaubsstrand oder eines Wasserkraftwerks zu verhandeln? Scheint so: Hier spontaner Lustkauf, dort lang geplante Geschäftsanbahnung. Hier ein paar Scheine, dort zig Millionen. Darum trennt die Fachsprache ja auch in »B2B« (business to businees) und »B2C« (business to consumer) – je nachdem, ob die Verhandlungen zwischen Geschäftsleuten oder zwischen Geschäftsmensch und Verbraucher stattfinden. »Genau, Schuster, bleib bei deinem Leisten!«

Dabei gibt es durchaus Gemeinsamkeiten: Hier wie da ist der Preis nur ein Faktor unter vielen. Gefällt die Farbe? Passt die Größe? Stimmt die Qualität? Oder passt die Technik? Wie ist der Service? Stimmt die Produktivität? Sind möglichst viele dieser Faktoren mit Ja beantwortet, kriegen die Kunden ein gutes Gefühl: »Es lohnt sich!« Der Preis ist dabei nur ein Punkt unter vielen. Übrigens: Manche Fachleute schätzen den Anteil reiner »Vernunftgründe« bei Entscheidungen auf nur etwa 20 Prozent! Der Rest liegt nicht in Fakten, sondern Wahrnehmungen begründet: in Gefühlen, Eindrücken und Meinungen. Denn egal, über was verhandelt wird: Es sind immer Menschen beteiligt. Und die haben alle einen Bauch – sprich einen inneren Schweinehund. Also sollte der immer etwas zum Futtern haben.

Formuliere
möglichst so,
dass dein
Gegenüber
Ja sagt.

48. Nein-Sager und Ja-Sager

Was Gefühle, Eindrücke und Meinungen besonders negativ beeinflusst, ist das Wörtchen »Nein«. Kennst du das? Egal, was du sagst: Ich hätte da ein interessantes Angebot ... – Nein! Ich möchte Ihnen einen Vorschlag machen ... – Nein! Haben Sie heute auch so schönes Wetter ... – Nein! Günter fühlt sich da wie an einer Gummiwand – ständig prallt er zurück. Nein, das macht wirklich keine Freude. Besonders dumm dabei: Je häufiger es »Nein!« heißt, desto geringer wird die Wahrscheinlichkeit zum »Ja!«. Denn wenn sich Schweinehunde erst mal an eine Antwort gewöhnt haben, denken sie bald nicht mehr über die Frage nach. Günter, willst du ein Eis? – »Nein! Äh, was?«

Wichtig deshalb: vor allem Fragen stellen, auf die dein Gegenüber nur mit »Ja« antworten kann! »Und wie soll das gehen?« Mal sehen: Günter, willst du mehr Geld verdienen? »Ja!« Willst du weniger Stress bei der Arbeit? »Ja!« Hast du Lust auf mehr Erfolg? »Ja!« Willst du haben, was ich dir anbiete? »Ja, klar! Äh, was denn überhaupt?« Siehst du ...

Die Einkaufsmotive einer Firma
sind verschieden. Einkäufer auch.

49. Was sind das eigentlich für Typen?

Angenommen, du weißt nun über deinen Verhandlungspartner Bescheid, also zum Beispiel über einen Kunden: was seine Firma macht, was sie kaufen wollen, warum und zu welchen Konditionen. Gratulation, dann weißt du schon eine ganze Menge! Was aber noch fehlt: Was ist dein Gegenüber für ein Typ Mensch? Schließlich gibt es da ganz verschiedene. »Unwichtig!«, findet Günter. »Einkäufer sind sowieso alle gleich: Machen Ärger und wollen den Preis drücken!«

Falsch, Günter: Wenn du genauer hinsiehst, siehst du, dass du es mit ganz unterschiedlichen Charakteren zu tun hast! So wie Fußballspieler auch ganz unterschiedlich sind: Stürmer und Verteidiger, Hackentreter und Ballartisten. Schließlich geht es beim Fußball nicht nur um gewonnene Zweikämpfe, sondern darum, als Mannschaft Spiele zu gewinnen. Und genau so wissen auch Firmen, dass nicht nur der Preis wichtig ist, sondern dass auch die internen »Kunden« mit dem Eingekauften zufrieden sein müssen – also all die innerhalb der Firma, die hinterher damit arbeiten müssen! Deswegen müssen eben auch die späteren Nutzungskosten stimmen, sowie die Qualität, die Abläufe, der Service und so weiter. Und genau deswegen müssen auch die Talente im Einkauf vielseitig verteilt sein. Entsprechend unterschiedlich sind die Menschen, auf die du dich einstellen musst.

Profitsucher wollen
Zahlen, Daten, Fakten –
und keinen Gefühlskram,
heiße Luft oder Blabla.

50. Typ 1: der Profitsucher

Sehen wir uns mal die vier wichtigsten Einkäufertypen an: den Profitsucher, den Zuverlässigen, den Gefühlsduseligen und den Erneuerer.

Zunächst zum Profitsucher: Er geht immer streng logisch vor, sein Denken und seine Sprache sind analytisch. Und was immer du zu ihm sagst, er zieht seine Schlüsse vernunftbetont: »Sie wollen mir also sagen, dass …?« und »Das bedeutet also, dass …?«. Für Entscheidungen braucht er »ZDF« – Zahlen, Daten, Fakten. Vermutungen und Gefühle sind ihm zu vage. Mathematik hingegen bedeutet ihm alles – er ist fit bis auf die achte Stelle hinter dem Komma. Und Profit zu machen, steht für ihn an allererster Stelle – was auch immer er tut, es muss sich rentieren.

Also belästige solch einen Einkäufer nicht mit zu viel Gefühl, vagen Versprechen oder sanftem Beziehungskram! Darauf reagiert er allergisch. Selbst wenn dir Günter manchmal zu unscharfen Aussagen rät, um dich nicht festzulegen, und stattdessen ein gemeinsames Feierabendbier vorschlägt: Tu es besser nicht – bleib lieber bei der Sache! Auch schöne Werbeworte sind hier fehl am Platz – so verliert der Profitsucher nur den Respekt und das Vertrauen in dich. Also, immer schön konkret bleiben und über deine Sache genau informiert sein! Nur das hilft.

Zuverlässige lieben Strukturen, Regeln und Reihenfolgen –

und keine Überraschungen, Spontaneität oder Chaos.

51. Typ 2: der Zuverlässige

Der Typ »Zuverlässiger« hingegen ist stolz auf seine Erfahrung, seine Routinen und Regeln. »Genau! Denn die haben sich bewährt!« Sein innerer Schweinehund ist da eben ein wenig zwanghaft. Erstens Verhandlung, zweitens Argumente, drittens Vertrag – du wirst klare Strukturen liefern müssen, wenn du mit ihm ins Geschäft kommen willst. Auch wenn er Günter manchmal Panik einjagt und die Luft raubt mit seinem strukturierten Vorgehen, seiner Kontrolliertheit und perfekten Organisation: Sein Einfluss ist groß – denn die Menschen in seinem Umfeld verlassen sich darauf, dass er ihre Interessen mit Nachdruck und Sorgfalt verwaltet.

Also sei bloß nicht zu sprunghaft, wenn du mit ihm verhandelst! Alles schön strukturiert und der Reihe nach. Auch wenn sich Günter vielleicht zunächst gegen die vielen Pläne wehrt, die du erst mal ausarbeiten musst, um diesem Typ auf Augenhöhe zu begegnen – es lohnt sich: Denn er ist ein sehr verlässlicher Verhandlungspartner. Du weißt immer, woran du beim ihm bist. Zum Glück bist du so auch gegen größere Überraschungen gefeit, denn die hasst er selbst. Dein Versprechen an ihn besteht aus drei Bausteinen: Sicherheit, Sicherheit, Sicherheit. Schließlich kommt der Fortschritt bei ihm stets nach Fahrplan! Besser also, du bist pünktlich.

Gefühlsduselige
lieben Harmonie,
Kontakt und
Unschärfe –
und nicht Profit,
Regeln oder
Stress.

52. Typ 3: der Gefühlsduselige

Der gefühlsduselige Typ steht auf Harmonie und gute Beziehungen. Er zeigt gern Emotionen, kann sogar richtig mitfühlend und verständnisvoll werden – was es ihm auch schwer macht, zu dir direkt Nein zu sagen, wenn ihm dein Angebot nicht gefällt. »Ich hätte ja gern bei Ihnen gekauft, aber mein Chef …!« wird er dann vielleicht sagen. Meinungsverschiedenheiten und Konflikte scheut er wie der Teufel das Weihwasser. Sein innerer Schweinehund will nämlich gerne gemocht werden – auf Teufel komm raus! Und auch Entscheidungen treffen Gefühlsduselige eher mit dem Bauch als mit dem Kopf: Fühlt sich ein Angebot gut an? Oder weniger gut?

Also, selbst wenn Günter nicht gerne Gefühle zeigt, hier sind sie der Schlüssel zum Erfolg! Am besten lässt du den Gefühlsduseligen durch ein wenig Plauderei an deinem Innenleben teilhaben, denn das mögen sie gerne – in einer rosaroten Gesprächswolke wohlig über den Dingen schwebend. Nur Vorsicht: Oft führt das dazu, dass man miteinander redet und redet und redet – ohne dass etwas Zählbares herauskommt! Wenn du mit diesem Typ verhandelst, zeig dich also emotional und berührbar und gewähre ihm Nähe und Offenheit – aber schau auch hin und wieder auf die Uhr und frag nach, ob er sich mit dem bereits Erreichten wohlfühlt! Klar?

Erneuerer lieben
das große Bild, sind
mutig und kreativ –
und nehmen es nicht
ganz so genau …

53. Typ 4: der Erneuerer

Der vierte große Einkäufertyp ist der Erneuerer. Er hat viel Freude an seiner Arbeit und will auch ihre Früchte aus vollem Herzen genießen. Seine Entwürfe und Skizzen sprühen daher vor Lebendigkeit. Einfallsreich, wie er ist, sind ihm auch neue Ideen und Vorschläge jederzeit willkommen. Große Konzepte und mutige Pläne liegen ihm dabei viel eher als kleinkarierte Vorschriften oder vorsichtige Profitberechnungen. Zugunsten des Großen und Ganzen geht er auch mal großzügig über Details hinweg: »Das kriegen wir dann schon irgendwie hin, wenn die Sache mal läuft.« Tja, ein wenig Risikofreude belebt ihn halt …

»Oh Gott!«, stöhnt Günter. »Ein Chaot!« Mitnichten, Schweinehund! Eher ein Freund des prallen Lebens. Also hüte dich vor Kleinkariertheit, Statuten und langweiligen Statistiken! Skizziere lieber das eine oder andere Luftschloss – gerne in schillernden Bildern oder griffigen Vergleichen. Auch vielleicht mal überraschend, denn Überraschungen liebt er. Andererseits wird er aber auch dich immer wieder überraschend vor Herausforderungen stellen! Zeig dich dann als entschlossener und tatkräftiger Partner. Und: Was immer du ihm vorschlägst, achte darauf, es ganzheitlich zu verpacken! Alles andere ist ihm zu blöd. Aber Vorsicht! Fühlt er sich mal in die Enge getrieben oder hat zu wenig Wahlmöglichkeit, steigt er gern auch mal aus. Einfach so. Ups!

Stil und Etikette zeigen die Bereitschaft
zur Sorgfalt – auch im Geschäft.

54. Mit Stil und Etikette Punkte machen

»Oh ja!«, freut sich Günter. »Mit so viel Wissen über Persönlichkeiten wird das Verhandeln nun spaßig!« Sehr schön: ein Motivationsschub. Wenn jetzt noch etwas Stil und Etikette dazukommen, kann uns nichts mehr aufhalten. »Stil und Etikette?«, motzt Günter. »Nix da! Immer schön locker bleiben! Und lieber eine Imbissbuden-Currywurst als flambierte Ameisenschenkel im Fünf-Sterne-Tempel!« Tja, für Günter ist Arbeit an sich schon anstrengend genug. Warum dann noch die ganze Mühe mit dem altmodischen Popanz? Mit feinen Klamotten und feinem Essen? »Genau! Und Mails beginnen grundsätzlich mit »Hallo«. Vor die Unterschrift kommt ein »MfG« und – bei Frauen – ein ;-) dahinter. Bei Besuchen tut es die bequeme alte Lederjacke, gepaart mit der fleckigen lockeren Krawatte.« Und geputzte Schuhe? »Ach was! Wer schaut da schon hin?« Oh, Günter ...

Es geht bei Stil und Etikette nicht um altmodischen Kram, sondern um Sorgfalt! Und damit fällst du angenehm auf. Denn wer sich bei seinem Auftreten, seinen Geschäftsbriefen, seinen Klamotten, seiner Autopflege, seinen Restaurantbesuchen ein wenig Mühe gibt, wird auch beim Geschäft sorgfältig und vertrauensvoll sein. Ein perfekter Geschäftspartner! Mief und Stoppelbart? Nein, danke!

Kriecher kriegen keinen Respekt.
Selbstbewusste schon.

55. Keinen falschen Respekt zeigen

»Okay!«, schlussfolgert Günter. »Dann treten wir also zukünftig respektabel auf!« Respektabel ja. Aber auf keinen Fall mit zu viel Respekt! Denn Schweinehunde sind Vierbeiner. Und entsprechend kommen sie auch gerne mal daher: in gebückter Haltung, Blick von unten. »Na und?«, meint Günter. »Genau das will doch der Kunde haben. Dann fühlt er sich überlegen und kann auf uns heruntersehen. Der Kunde ist schließlich König! Außerdem läuft es sich in Bodennähe viel bequemer. Und sicherer. Auf zwei Beinen komme ich viel schneller aus der Balance als auf vieren.« Oje, der Schweinehund – ein Kriecher ...

Kein Wunder, dass es statt Respekt jede Menge Rabattwünsche hagelt! Denn wer den Kopf hängen lässt, reizt andere zu Nackenschlägen! Und niemand nimmt einen Gesprächspartner ernst, wenn er so angekrochen kommt. Also, warum nicht vom Auftreten des Kunden lernen? Aufrecht gehen und Rückgrat haben. Nicht »Pfötchen geben«, sondern fester Händedruck. Nicht demütig blinzeln, sondern sich gerade in die Augen sehen. Kurz: Selbstvertrauen zeigen! Damit kann man sich seinen Traumjob und Traumpartner angeln, kann auch der Underdog mal den Champion schlagen – und wirst du in Verhandlungen ernst genommen.

Eine klare, feste
Stimme schafft
Selbstvertrauen
und Respekt
beim Gegenüber.

56. Mit klarer, fester Stimme

Zum eigenen Selbstbewusstsein gehört auch eine klare, feste Stimme. Schade also, dass Günter manchmal Unhörbarkeit für eine Tugend hält: »Ich bin doch kein Schauspieler oder Radiomoderator!« Und so kriegt er auch selbst dann sein Maul nicht auf, wenn er sollte. Er hält seine Nuschelei manchmal sogar für ganz praktisch: weil sich »achtundvierzig« – dialektgefärbt und zwischen den Zähnen hervorgequetscht – anhört wie »achtundsiebzig«. 30 Euro Unterschied? »Das habe ich Ihnen genauso gesagt«, kann man später den schwerhörigen Kunden belehren. »Pech gehabt, Kunde!« Dumm nur: Solche Tricks funktionieren einmal und nie wieder …

Würde Günter etwas wacher durchs Leben schlendern, könnte er aber hören, wie sehr er sich selbst vom Instrument Stimme beeinflussen lässt. Von der Bestimmtheit des Polizisten, der befiehlt: »Fahren Sie mal rechts ran!«, von der Verlockung der Nymphen, die da säuseln: »Ich liebe dich!«, von der Autorität des Piloten, der widerspruchslos konstatiert: »Wir fliegen in 30 000 Fuß Höhe mit einer Geschwindigkeit von 900 km/h über Grund.« Wow! Was für selbstbewusste Menschen! Dabei kannst auch du mit etwas Training und Konzentration das klare, feste Sprechen lernen. Das Gute: Du brauchst dazu nur den Mund zu bewegen. Und: Wer klar und fest spricht, fühlt sich auch selbstbewusst!

Achte auf die Körpersprache anderer …

… und kontrolliere deine eigene!

57. Das Auge fühlt mit

Neben deinem Mund spricht aber auch dein sonstiger Körper. »Hä?«, wundert sich Günter. »Wie denn das?« Na, du hast doch sicher schon von Körpersprache gehört? Das ist nicht nur etwas für Schauspieler, Eiskunstläuferinnen und Pokerspieler! Auch du solltest deine Haltung, Gestik und Mimik im Griff haben – so wie du ja auch ständig die Haltung, Gestik und Mimik deines Gegenübers interpretierst. Was macht er? Wie schaut er? Was meint er? Lehnt er sich zurück, verschränkt die Arme und schaut zur Decke? – Dann geht er auf Distanz, lehnt deine Botschaft ab oder interessiert sich nicht dafür. Zunicken und offen in die Augen blicken? – Hier ist jemand interessiert, hat die gleichen Ansichten oder nimmt zumindest alles bereitwillig auf. Lächeln? – Gute Laune. Stirnrunzeln? – Skepsis. Augenbrauen hochziehen? – Unsicherheit. 1000 kleine Zeichen verraten ohne Worte, was wir denken.

Du siehst: Ein gutes Gespräch besteht also nicht nur aus Worten allein. Auch der Körper verrät, was Sache ist: Fakten, Emotionen, Wünsche. »Das wird ja richtig anstrengend!«, motzt Günter. »Zwei Dinge gleichzeitig beobachten und auch noch überlegen, was ich sagen will und welche Signale mein Körper sendet!« Keine Sorge, alles Übungssache! Daher trainiere, wann immer du kannst, zum Beispiel in der S-Bahn, bei Meetings mit Kollegen, beim Flirt in der Kneipe – oder beim Pokern.

Spiegle dein Gegenüber
in Verhalten und Körpersprache!

Das schafft
Gemeinsamkeit.

58. Auf eine Wellenlänge kommen

Wenn kleine Kinder etwas lernen, ahmen sie oft nach, was sie bei den Großen sehen. Wenn Papa die Hände hebt, heben sie sie auch. Wenn Mama sich im Kreis dreht, drehen sie sich mit. Und das Schöne daran: Beide – Kind und Elternteil – freuen sich dann! Nicht nur wegen des Lerneffekts, sondern weil sie etwas gemeinsam haben.

»Und?«, fragt Günter. »Soll ich mit den Kunden jetzt ein Tänzchen aufführen? Wir sind doch keine Kinder mehr.« Vom Alter her vielleicht nicht. Aber bestimmte Verhaltensmuster bleiben zeitlebens gleich – zum Beispiel, dass man Gemeinsamkeiten mag! Also probier bei deinem nächsten Verkaufsgespräch doch einfach mal folgendes Experiment, wenn du deinem Gegenüber näherkommen solltest, damit ihr euch besser versteht. Spiegle sein Verhalten und seine Körpersprache ganz bewusst! Spricht er laut? Dann sprich auch du laut! Oder leise? Dann auch du! Lehnt er sich zurück? Dann lehn auch du dich zurück! Legt er die Hände auf den Tisch? Mach es nach! Notiert er sich was? Dann tu das auch! Dieser Gleichklang im Verhalten löst oft Gegensätze auf und stellt Harmonie her. Aus einer Konfrontation wird ein Miteinander. Ihr seid dann auf einer Wellenlänge.

Leg dir ein
Markenzeichen zu!
Wer bist du? Was macht
dich besonders?

59. Mach dich merkwürdig

»Super!«, freut sich Günter. »So langsam passen wir uns so gut an unseren Gesprächspartner an, dass er uns fast gar nicht mehr wahrnimmt!« Stopp, Schweinehund, geh nicht zu weit! Zu viel Anpassung ist auch schlecht. Sonst hält dich der andere womöglich für blass, farblos und somit überflüssig. Besser, du legst dir ein Markenzeichen zu!

»Ein Markenzeichen?« Darüber weiß Günter bestens Bescheid. »Na klar: mein Name! Über mich sind schon Bücher geschrieben worden! Ich bin der einzige innere Schweinehund mit eigenem Namen!« Gut beobachtet. Es soll sogar Leserinnen und Leser geben, die keinem Günter mehr unbefangen in die Augen sehen können, ohne an innere Schweinehunde zu denken ... Und genau darum geht es auch im Verhältnis zu deinen Kunden. Sei »merk-würdig«! Sie sollen dich mögen und sich stets an dich erinnern können. Was beherrschst du besonders gut? Was ist einzigartig an dir? Dein Name vielleicht? »Ratzinger – wie der Papst. Wo gute Preise ein Dogma sind.« Oder »Lukas – wie der Lokomotivführer. Damit ihre Kosten immer im Gleis bleiben!«Also, wie merkwürdig bist du?

Erzähle keine Unwahrheiten –
sie machen nur Ärger!
Aber stell deine Stärken gut dar!

60. Kleine Lügen erlaubt?

Günter resümiert: »Mein neues Markenzeichen: Ich bin der größte Schweinehund der Welt! Und der klügste! Der beste!« Moment, so nicht! Natürlich muss alles, was du über dich, dein Produkt oder deine Verhandlungsposition sagst, auch wirklich stimmen. Übertreibungen und Notlügen sind da nicht drin. »Quatsch! Jeder im Geschäft weiß, dass man sich nur nicht erwischen lassen darf!« Und wenn es doch mal passiert? Dann ist nicht nur das aktuelle Geschäft dahin, sondern auch die gemeinsame Zukunft. Fehlendes Vertrauen ist schwerer zu ersetzen als jedes andere Kapital. Also besser: Finger weg von Unwahrheiten!

Andererseits musst du aber damit rechnen, dass es andere mit der Wahrheit nicht ganz so genau nehmen – zum Beispiel die andere Verhandlungspartei, die deine Position untergraben will. Dazu zählt sie womöglich haarklein auf, welche Nachteile dein Angebot im Vergleich zum Mitbewerber hat. Die Vorteile nennt sie natürlich nicht, auch wenn sie sie sieht. So sollst du das Gefühl bekommen, dass dein Angebot unterlegen ist und du nachbessern musst. »Gibt es da kein Gegenmittel?« Und ob: Du musst deine Stärken aufs Komma genau kennen! Und sei bestens über die Schwächen deiner Konkurrenz informiert! Dann kann es dir keiner verwehren, genüsslich den Spieß umzudrehen und – ganz wahrheitsgemäß – zu erklären, warum du »größer«, »klüger« oder »besser« bist als dein Mitbewerber. Schließlich kannst du es begründen. Touché!

Begründe hohe Preise, indem du sie über einen längeren Zeitraum kleinrechnest!

61. Zahlenakrobatik

»Aber was, wenn deine Preise echt happig sind?«, sorgt sich Günter. »Wie argumentierst du dann?« Na, so wie du selbst, Günter! Wenn deine Kauflust dich zum Beispiel mal wieder Schulden machen lässt … Also, wenn du mal wieder nicht daran gedacht hast, dass das Konto bei null aufhört, und auf dem Auszug plötzlich ein dickes Minus auftaucht, dann wirst du zum Zahlenakrobaten: »Einfach jeden Tag einen Euro zurücklegen – und in eineinhalb Jahren bist du die Schulden wieder los!« So können 500 Euro Miese natürlich winzig klein werden …

Dieser unschuldige kleine Trick funktioniert bei Kunden genauso. Auch wenn die Beträge, um die es dabei geht, etwas größer sind: Sagen wir mal, ihr verhandelt über den Verkauf von 20 Maschinen und die Differenz zwischen Angebot und Akzeptanz liegt bei 100 000 Euro. Dann sind das nur 5000 Euro pro Maschine. Die sollen 10 Jahre laufen. Also macht das: 5000 Euro durch 3653 Tage ist gleich 1,37 Euro am Tag. »Mein lieber Verhandlungspartner, über einen solchen Betrag wollen wir doch nicht streiten, oder? Dafür bekommen Sie ja noch das und das. Und das auch noch! Und die Extraproduktivität! Damit holen Sie locker 13,70 Euro pro Tag herein! Es bleibt Ihnen sogar noch ein Überschuss von 900 Prozent. Mann, eigentlich bin ich sogar zu billig …« Findet Günter übrigens auch.

Gib nie zu viel Nachlass
auf einmal! Das macht
den Kunden misstrauisch.

62. Große Gräben überwinden? Vorsicht!

»Und was, wenn der andere gleich mit Riesenforderungen ankommt?«, will Günter nun wissen. »So à la ›Gib mir erst mal 30 Prozent Nachlass!‹?« Tja, dann tut sich ein großer Graben auf. Trotzdem denkt dann Günter manchmal: »Egal – Hauptsache, du kriegst den Auftrag!« Du versuchst, die 30 noch etwas zu unterbieten – und springst blind über den Graben, in der Hoffnung, drüben anzukommen – beim Auftrag.

Leider nur gelingt das fast nie. Denn: Wenn du gleich so viel nachgibst, kriegen die meisten Kunden ein schlechtes Gefühl: »Der wollte mich wohl über den Tisch ziehen mit seinen Mondpreisen! Frechheit!« Und dann denken sie: »Na, wenn 30 Prozent so einfach gehen, dann geht bestimmt noch mehr!« Und schon kommt die nächste Forderung. Nach weiterem Nachlass. Na, Günter? Noch sprungbereit?

Am besten also sprichst du beides gleich selbst aus – noch bevor der Kunde daran denkt. Und dann schiebst du gleich nach: »Andererseits, wenn ich Ihnen diesen Preis nicht gebe, dann kaufen Sie bei der Konkurrenz. Also, was können wir denn da jetzt machen?« Vielleicht über technische Details, Lieferfristen oder Serviceleistungen reden? Damit lässt sich eine prima Brücke über den tiefen Prozentgraben bauen.

Mach den Gegner zum Partner:
»Was können wir gemeinsam tun,
damit wir beide glücklich werden?«

63. Partner werden

»Was können wir denn da jetzt machen?« ist eine sehr gute Frage. Vorausgesetzt, du bist nicht mit deinem inneren Schweinehund alleine, sondern hast tatsächlich einen echten Verhandlungspartner als Gegenüber. Das Risiko dabei ist allerdings, dass ihr zunächst in entgegengesetzte Richtungen arbeitet – wie beim Tauziehen. Und wenn es dumm läuft und beide gleich stark sind, kommt es irgendwann zum Stillstand. Erst wenn dann den einen die Kräfte verlassen, passiert wieder etwas. Meistens nichts Gutes ...

Wenn aber beide am selben Strick in die gleiche Richtung ziehen, lässt sich sogar Großes bewegen! Recht schnell und ziemlich leicht – schließlich wollt ihr beide vorankommen. Mach deshalb deinen Verhandlungsgegner zum Verhandlungspartner! Dazu kannst du die Frage »Was können wir denn da jetzt machen?« sogar noch verfeinern und fragen: »Was können wir gemeinsam tun, damit ich Ihren Auftrag bekomme und Sie mit meiner Lösung Ihr Unternehmen nach vorne bringen?« Am besten, du fügst gleich einen ersten Vorschlag an: »Reden wir doch mal über Schulungen.«

Die Verhandlung stockt kurz vorm Ziel?
Keine Hopp-oder-topp-Situation entstehen lassen!
Welche anderen Aspekte außer dem Preis
bleiben verhandelbar?

64. Über kleine Hürden springen

Wollen wir mal ausprobieren, wie sich unsere Frage einsetzen lässt? Zum Beispiel dann, wenn beide Preisvorstellungen gar nicht so weit auseinanderliegen, also fast nicht der Rede wert sind. »Soll der sich mal nicht so haben!«, denkt Günter. »Wegen der paar Kröten.« Und vermutlich denkt der andere genau das Gleiche – egal, ob ihr über den Kauf eines MP3-Players verhandelt oder einer Boeing ...

Wichtig ist jetzt: Lass diesen Moment nicht zu einer Hopp-oder-topp-Situation werden! Zeig deinem Gegenüber stattdessen: »Es sieht zwar so aus, als kämen wir nicht weiter. Aber es wäre doch sehr schade, wenn wir jetzt noch scheitern würden – bei so vielen gemeinsamen Interessen!« Also erweitere deine Fragen nun ein bisschen, und bestätige dem anderen glaubhaft, dass du dein Limit erreicht hast: »Wegen der paar Euro – glauben Sie mir: Wenn ich Ihnen die noch geben könnte, würde ich sicher nicht riskieren, dass Sie Nein sagen, wo ich doch so gerne mit Ihnen ins Geschäft käme. Was können wir denn da jetzt machen?« Es ist ja nicht so, dass nur du allein konstruktive Ideen haben musst. Vielleicht liegt deinem Verhandlungspartner auch etwas am Herzen? Vielleicht: »Ich hätte den MP3-Player gern in Rot und die Boeing in Grün. Können wir über den Farbzuschlag reden?« Klar! Warum denn nicht?

Gib Entscheidungsschwächlingen Zeit – und zwar genau bis zum Soundsovielten!

65. Entscheidungsschwächlinge

Viele innere Schweinehunde drücken sich in Verhandlungen ja gerne vor Entscheidungen. Stattdessen tun sie einfach so, als hätten sie nichts gehört: »War was?« Oder sie sagen: »Ich brauche noch etwas Zeit.« Und wenn die Verhandlungspartner dann ungeduldig werden oder den Schweinehund antreiben wollen, dann schalten sie erst recht auf stur. Schließlich will der andere ja was von mir und nicht umgekehrt. »Mit so einer Entscheidung legt man sich fest. Das will alles gut überlegt sein!«, sagt Günter dann. Schweinehunde-Logik, klar. Dumm nur, wenn ausgerechnet dein Verhandlungspartner auch mal so drauf ist, gell?

Die beste Entwaffnungstaktik für Entscheidungsschwächlinge ist, sie in ihrer Schwäche zu unterstützen: »Prima, dass wir noch etwas Zeit haben!« Oder: »Gut, dann kann ich in Ruhe noch einmal alles für Sie prüfen!« Oder: »Das beeindruckt mich, dass Sie das so genau nehmen!« Denn wenn sich der andere Schweinehund darüber freut, dass die Entscheidung verschoben wird, macht es ihm nichts aus, wenn du dann doch geschickt nachhakst: »Bis wann, denken Sie, werden Sie alle Informationen zusammen haben?« Und: »Fein! Dann können wir uns ja am Soundsovielten noch mal zusammensetzen.« Kein Problem – obwohl du nun indirekt eine Entscheidung forcierst: Mit rücksichtsvollen Menschen trifft man sich schließlich gerne wieder!

Selbst
im
Beton
wirken
Kräfte.

Und
steter
Tropfen
höhlt
den
Stein.

66. Der Kunde bleibt hartnäckig

Manche Kunden hingegen lassen gar nicht mit sich reden. Egal, welche Vorschläge du machst – du beißt auf Granit. Autsch! Und das tut Günter richtig weh, denn es heißt nun entweder aufgeben oder sich anstrengen. Das Erste würde bedeuten, dass alle Mühe vergebens war, und das Zweite, dass nun erst recht Schweiß fließen muss. »Puh! Wie die Wahl zwischen Pest und Cholera«, jammert Günter – und möchte am liebsten alles hinwerfen. »Bringt ja doch nichts, mit Betonschädeln zu reden.«

Wenn er sich da mal nicht irrt! Denn selbst im Beton wirken Kräfte. Und denen auf die Spur zu kommen, lohnt sich. Mit kleinen Probebohrungen zum Beispiel. Ein Satz nur: »Ohne das jetzt konkret geprüft zu haben, könnte ich mir vorstellen, dass eventuell noch etwas machbar ist …« Ein Satz, so »hart« wie 14-Minuten-Spaghetti … Aber wer weiß? Oder: »Am besten, Sie rufen mich noch einmal an, wenn Sie mit den anderen gesprochen haben. Dann können wir schauen, was ich noch für Sie tun kann.« Oder: »Wissen Sie, es wäre einfach schade, wenn Sie im Nachhinein feststellen müssten, dass Sie bei uns besser eingekauft hätten.« Nicht aufgeben! Denk daran: Steter Tropfen höhlt jeden Stein. Sogar Beton …

Soziale Automatismen können helfen, …

… dich zu manipulieren.

67. Hilfe, Hypnose!

»Aber manchmal kann ich mich einfach nicht gegen Verhandlungspartner wehren!«, schluchzt Günter. »Irgendwie scheinen sie Hypnose zu beherrschen.« Hypnose? Keine Sorge, Günter. Weder bist du ominösen Mentalmanipulationen ausgesetzt, noch musst du in Trance auf allen vieren laufen. Wichtig ist nur, dass du manche deiner sozialen Automatismen hinterfragst – denn beim Verhandeln können sie dich aufs Glatteis führen.

»Soziale Automatismen?«, wundert sich Günter. »Was ist denn das?« Hatschi! »Gesundheit!« Danke. »Gern geschehen.« Na, bemerkt? Das zum Beispiel war solch ein sozialer Automatismus. Einer niest, der andere wünscht Gesundheit. Früh gelernt, tausendmal geübt, nie hinterfragt, einfach automatisch reagiert – weil man es eben so macht. »Aber du kannst doch nicht einfach schweigen, wenn einer niest!« Warum nicht? Laut Knigge ist es heute sogar veraltet, hier Gesundheit zu wünschen! Stattdessen sollte sich der Niesende gleich nach dem Niesen entschuldigen – schließlich hat er einfach seine Bazillen in die Luft gepustet. »Oh ...«

Vorsicht also: Weil du in vielen sozialen Situationen genauso automatisch reagierst, kann man dich manipulieren und ein paar fiese Verhandlungstaktiken anwenden – wie zum Beispiel die Umarmungstaktik.

Wer dich umarmt, den umarme auch du –
und zwar genauso fest!

68. Umarmungstaktik

Kennst du das? Manche Gesprächspartner kleistern dich so sehr mit Sympathie, Aufmerksamkeit, Komplimenten und Geschenken zu, dass du nicht mehr weißt, wo oben und unten ist. Sie wenden die Umarmungstaktik an: »Sie! Hier! Bei mir! Was für eine Ehre!« Und dann lächeln sie das schönste Lächeln der Welt. Du wächst innerlich zehn Zentimeter und Günter ist unheimlich dankbar: »Was für ein netter Mensch!« Ja, Günter ist dafür sogar so dankbar, dass er sich unbedingt revanchieren will: »Jetzt gib ihm doch seinen Nachlass!« Ja, ja, wieder nur ein sozialer Automatismus ...

Deshalb wehr dich gegen die Umarmungstaktik, indem du von Anfang an zu viel Zuwendung unterdrückst. Wirst du teuer eingeladen, dann bring etwas genauso Teures mit. Macht man dir viele Komplimente, dann mach du genauso viele. Lächelt dich jemand an, dann lächle zurück! Sieh zu, dass du nie etwas schuldig bleibst – sonst bist du manipulierbar!

Eine Situation so wie die andere? Auf keinen Fall: Jede Verhandlung ist individuell!

69. Die Präzedenzfalltaktik

»Manche Verhandlungspartner überzeugen aber durch harte Argumente!«, sagt Günter nun. »Zum Beispiel erklären sie genau, was unser Angebot beim anderen Anbieter wert ist.« So? »Oder sie erklären, dass ihre Statuten unseren Preis nicht zulassen.« Und du denkst, da kann man dann nichts machen? Oh, Günter!

Deine Kunden wenden doch nur die Präzedenzfalltaktik an: Sie tun so, als seien alle Angebote eins zu eins miteinander vergleichbar! Und sie gaukeln dir vor, du hättest keine andere Wahl, als dich ihren Statuten zu unterwerfen – als wären die in Stein gemeißelt, zum Beispiel sagt ein Autokäufer: »Dieses Auto habe ich aber woanders billiger gesehen. Wenn Sie mir keinen Rabatt geben, kaufe ich es dort.« Oder: »Es tut mir leid, aber wir brauchen immer ein Zahlungsziel von zwei Monaten. Vorher können wir nichts anweisen.«

Dein Gegenmittel: Mach klar, dass keinerlei Vergleichbarkeit besteht! »Wirklich dieses Auto? Haben Sie denn unsere Sonderausstattung bemerkt?« Oder: »Es tut mir leid, aber bei uns hat die EDV nach zwei Monaten längst das Inkassoverfahren eröffnet. Nichts zu machen.«

Verdacht auf Lüge?
Einfach die Quelle
anzweifeln!

70. Lügner und Betrüger

»Aber das ist ja noch harmlos!«, konstatiert Günter. »Hin und wieder kommt es sogar vor, dass dich Kunden bewusst anlügen, um den Preis zu drücken!« Oha, jetzt wird also mit harten Bandagen gekämpft. In der Tat scheuen manche Kunden vor nichts zurück – nicht einmal vor Lug und Betrug: »Man hat uns gesagt, Sie seien zu teuer!«, »Ihr Angebot hat von allen bisher eingeholten den mit Abstand höchsten Preis!«. Ja, es soll hin und wieder sogar schon vorkommen, dass Vergleichsangebote gefälscht werden, nur um den Preis zu drücken. Pfui, Teufel!

Natürlich lässt du dich auf so etwas nicht ein. Denn falls dein Verhandlungspartner auf diese Art deinen absoluten Tiefstpreis herausgefunden hat, wird er sich bestimmt bald umdrehen und woanders nach einem noch günstigeren Preis suchen.

Deshalb heble seine Argumentation einfach dadurch aus, dass du vorgibst, ihm nicht zu glauben: »Bitte haben Sie dafür Verständnis, dass wir das nicht glauben können. Nicht, dass wir Ihnen nicht trauen, lieber vertrauenswürdiger Kunde, aber wir haben schon schlechte Erfahrungen mit neidischen Konkurrenten gemacht!« Schlau, gell?

Verdacht auf leere Versprechungen?
Vorsicht! Ignorieren oder kontrollieren!

71. Leere Versprechungen

»Und was, wenn dein Verhandlungspartner Versprechen abgibt?«, will Günter nun wissen. »Zum Beispiel, wenn er verspricht, besonders schnell zu zahlen oder riesige Folgegeschäfte anzuleiern für einen kleinen Rabatt?« Vorsicht, auch hier lauert wieder eine Falle: Im Allgemeinen halten Menschen ihre Versprechen ja. Und genau deswegen gilt es schnell als unhöflich, auf ein Versprechen nicht einzugehen – schließlich will Günter niemanden vor den Kopf stoßen. Nur bist du so schon wieder moralisch in der Pflicht: Sagst du Ja, musst du eine Gegenleistung bringen. Und sagst du Nein, bist du taktlos.

Frag dich doch einfach: »Warum jetzt dieses Versprechen? Ist es denn überhaupt nötig?« Falls nicht, verspricht dir der andere womöglich nur Dinge, die ohnehin selbstverständlich sind. Er tut so, als sei das Versprechen etwas Besonderes. Oder die Versprechen sind attraktiv, aber unrealistisch. Vorsicht also, Revanchefalle! Am besten »übersiehst« du die halbseidenen Avancen einfach. Und falls dir ein Versprechen nachvollziehbar erscheint, dann mach von Beginn an klar, dass du aufs Genaueste überprüfen wirst, ob dein Partner sich an das Versprechen hält. Denn leere Versprechungen kannst du nicht gebrauchen.

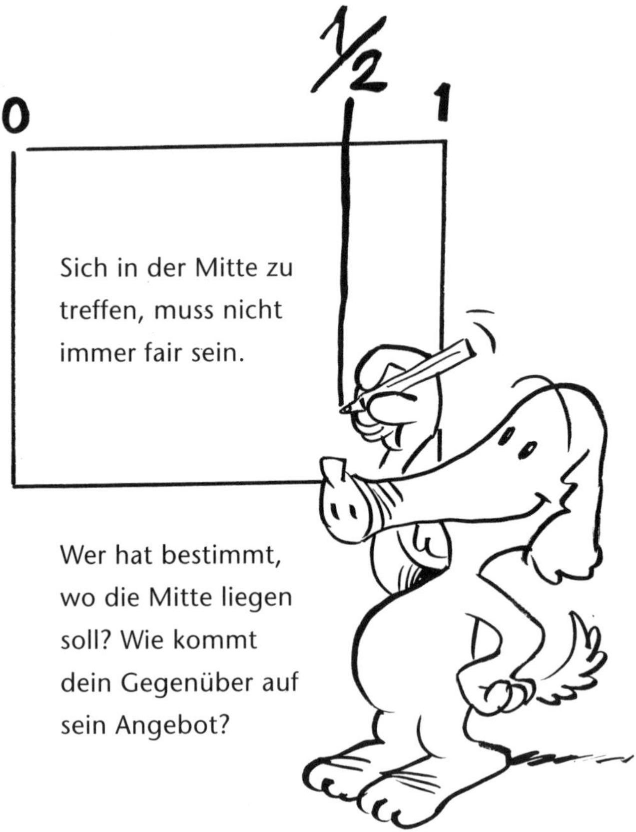

Sich in der Mitte zu treffen, muss nicht immer fair sein.

Wer hat bestimmt, wo die Mitte liegen soll? Wie kommt dein Gegenüber auf sein Angebot?

72. Treffen in der Mitte

Selbst das häufig übliche »Treffen in der Mitte« kann zur Verhandlungsfalle werden! Schließlich gilt man schnell als unfair, wenn man sich nicht in der Mitte treffen will – und Schweinehunde wollen nicht unfair sein. Ein Beispiel: Du verlangst 1000 Euro und willst bis maximal 900 runtergehen. Wenn du Pech hast, bietet dein Verhandlungspartner aber gerade mal 500 Euro an. Die »Höflichkeit« gebietet nun, dass ihr euch in der Mitte trefft, bei 750 Euro – also weit unter deiner Untergrenze. »Aua!«

Lass dich niemals auf solche Spielchen ein – vor allem nicht, wenn du deinen Preis genau kalkuliert hast! Mach dir lieber klar: »Warum sollten wir uns denn in der Mitte treffen? Es gibt dafür keinen einzigen Grund!« Schließlich liegt die Mitte immer auf einer Linie, deren einer Endpunkt vom anderen willkürlich gesetzt werden kann – auch ohne Bezug zur Realität. Oder du gehst in die Offensive: »Wie bitte schön kommen Sie denn auf 500 Euro?« Und dann lass den anderen das mal begründen. Auf keinen Fall aber darfst du den Mittelpreis unwidersprochen im Raum stehen lassen – sonst gewöhnt sich dein Gesprächspartner noch daran.

Der eine spielt den Guten und der andere den Bösen? Lass dich nicht unter Druck setzen – du hast das Spiel durchschaut!

73. Guter Bulle, böser Bulle

»Manchmal sitzen einem bei Verhandlungen zwei Personen gegenüber«, erklärt Günter nun. »Und während einer davon sehr nett ist, macht der andere ständig Druck. Ist das unangenehm! Haben die nicht zwei gleich Nette? Sogar einen Rabatt würde ich geben, solange nur der Kotzbrocken nicht mehr dabei ist!« Ups, Günter, auch hier fällst du auf eine Verhandlungstaktik rein. Die heißt »Guter Bulle, böser Bulle«. Vielleicht kennst du das ja aus Krimis. Wenn da zwei Polizisten einen Verdächtigen verhören, spielt der eine den Bösen, um den Verdächtigen unter Druck zu setzen. Der andere aber mimt den Guten – und hofft darauf, dass der Verdächtige ihm gegenüber wegen seiner Nettigkeit einlenkt und gesteht.

»Aber ich bin doch kein Verdächtiger!«, empört sich Günter. Natürlich nicht! Also solltest du dir auch diese Taktik nicht gefallen lassen. Das Gegenmittel ist, dass du die offensichtliche Taktik einfach offen ansprichst: »Wissen Sie was, unsere Verhandlung erinnert mich an einen Krimi, den ich vor Kurzem gesehen habe. Darin hatten sich die beiden Polizisten abgesprochen, dass … Kann es sein, dass Sie den Krimi auch gesehen haben?« Und dann zwinkerst du deinen Gesprächspartnern einfach mal frech zu. Tja, durchschaut …

Lass dich nicht
durch die
Sitzordnung
einschüchtern!
Bleib immer auf
Augenhöhe!

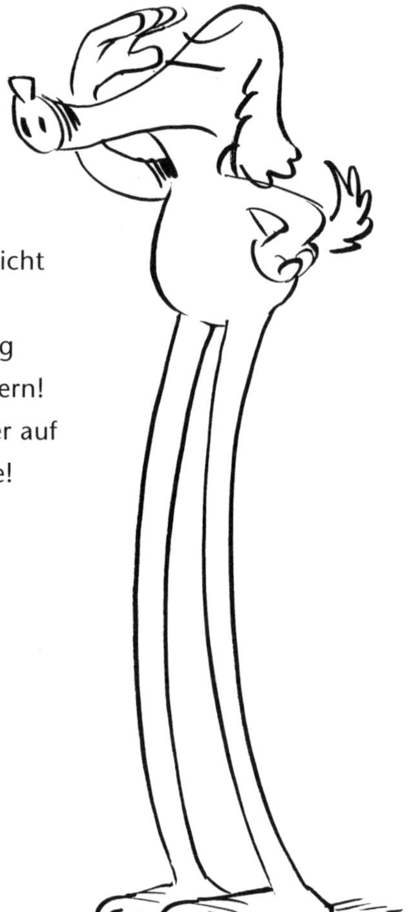

74. Die Sitzordnung

»Es gibt aber auch Verhandlungen, da kommt man sich so klein, doof und schwach vor.« Ach, ja? Welche denn? »Na, zum Beispiel, wenn man sich im Gespräch blöd gegenübersitzt.« Genau, da kommt dann die Sitzordnungstaktik ins Spiel: Dein Verhandlungspartner versucht, dich durch eine ungute Sitzordnung zu schwächen, zum Beispiel, indem er hinter seinem Riesenschreibtisch auf seinem Riesenthron von Chefsessel sitzen bleibt und dir nur den klapprigen Besucherstuhl zuweist. Oder indem ihr euch vis-à-vis gegenübersitzt anstatt locker über Eck. Oder indem der andere einen oder mehrere Partner an seiner Seite sitzen hat, während du alleine bist – so wie beim Auftritt vor einer Prüfungskommission.

Zum Glück gibt es Gegenmittel: Wenn du den Raum des Kunden betrittst, bleibt gleich hinter der Türschwelle stehen, anstatt auf den Kunden zuzugehen. Nun muss er aufstehen und dich begrüßen – und schon ist gleiche Augenhöhe hergestellt. Oder wenn dir der klapprige Sitz nicht passt, bitte einfach um einen anderen Stuhl. Attacke abgewehrt. Und setz dich doch einfach selbst über Eck – vielleicht mit der Begründung, du wolltest dem Kunden etwas Schönes auf dem Laptop zeigen. Konfrontation beendet. Oder du nimmst selbst einen Partner mit und ihr setzt euch untereinander »gemischt« an einen runden Tisch: also nicht Kunde-Kunde-Verkäufer-Verkäufer, sondern Kunde-Verkäufer-Kunde-Verkäufer. So wie alte Kumpels.

Der andere schiebt
alles auf seinen Chef?
Dann verlang diesen
Chef persönlich!

75. Die Autoritätstaktik

Von Zeit zu Zeit kommt es vor, dass Kunden deinen Chef sprechen wollen, um bei ihm mehr Prozente auszuhandeln. Das wirkt dann so, als seist du nicht kompetent für die Verhandlung. Aber manchmal berufen sich Verhandlungspartner auch auf ihren eigenen »großen Chef«, der geheimnisvoll im Hintergrund die Strippen zieht, nach denen sie tanzen müssen. Und dieser große Chef hat gesagt, sie müssten den Preis weiter drücken. Was sollen sie also anderes machen? »Genau, was sollen sie schon machen?« Reingefallen, Günter! Auf die Autoritätstaktik.

Schweinehunde haben oft großen Respekt vor Obrigkeiten aller Art: vor Chefs, Experten oder den strengen Eltern. Sie folgen voller Gehorsam und schalten dabei ihr Gehirn aus – was sonst soll wichtig sein als das, was der Chef sagt? Na, das was du selber sagst! Schließlich bist du dein eigener Chef. Statt also wie erwartet gehorsam zu kuschen, gehst du einfach in die Offensive: »Ach, Ihr Vorgesetzter will das so? Was halten Sie dann davon, wenn ich mein Anliegen dort persönlich vortrage?« Wetten, dass das dem anderen nicht recht ist? Schließlich könnte er dadurch schwach und inkompetent aussehen. Also schnell weg mit dem Chefargument!

Lass dich zeitlich niemals unter Druck setzen! Bestimme den Zeitrahmen selbst!

76. Druckmittel Zeit

Sogar mit der Zeit machen manche Verhandlungspartner Druck: »So, jetzt haben wir noch genau 20 Minuten!«, »Wenn wir uns heute nicht mehr einig werden, wird es wohl nichts!« oder »Übermorgen ist unsere Deadline!«. Und wie reagiert Günter? »Na, wie wohl? Gas geben!« Genau, völlig automatisch. So wie immer. Leider auch wieder unter Umgehung seines Gehirns ...

Mensch, Schweinehund, denk nach! Da will dir nur jemand mittels Zeit Druck machen. Lass das auf keinen Fall zu! Denn wie viel Zeit für eine Verhandlung zur Verfügung steht, hängt genauso auch von deiner Einschätzung ab: Sind schon alle Fragen geklärt? Nein? Dann nur keine Flüchtigkeitsfehler!

Also wehr dich, zum Beispiel so: »Wenn wir nur noch 20 Minuten haben, dann brechen wir am besten jetzt ab und suchen einen neuen Termin, an dem uns auch genügend Zeit bleibt.« Oder: »Oh, das täte mir leid, wenn es nicht klappt, weil Ihnen so die Zeit im Nacken sitzt. Vielleicht können Sie sich etwas freischaufeln? Ich fürchte nämlich, unter Druck können wir keine zufriedenstellende Lösung finden.« Und schon liegt die Verantwortung wieder beim Gegenüber.

Komisches Gefühl beim Verhandeln?
Geh auf die Metaebene! Was passiert gerade?

77. Die Metaebene

»Wow!«, staunt Günter. »Ziemlich viele Gesprächstaktiken und Gegenmittel. Ob ich mir die alle merken kann?« Keine Sorge, Übung macht den Meister! Wichtig ist zunächst nur, dass du nicht automatisch reagierst und vorschnell Zugeständnisse machst. Sonst schnappt die Falle zu. Wäre blöd. Merk dir einfach: Wann immer dir etwas am Gespräch »komisch« vorkommt, ist es das wahrscheinlich auch – selbst wenn du nicht gleich identifizieren kannst, was. Geh deshalb immer erst mal auf die Metaebene, bevor du weitermachst! Und analysiere die Situation: Was passiert gerade?

»Die Metaebene? Nie gehört. Was ist denn das?«, wundert sich Günter. Nun, eine Metaebene ist die übergeordnete Sichtweise einer Handlung oder eines Geschehens. Sozusagen die Vogelperspektive. Was erkennt man von oben, was sonst mitten im Getümmel untergeht? »Übermorgen ist unsere Deadline!« zum Beispiel zeigt dir, dass jemand Zeitdruck aufbauen will. »Mein Chef steht hinter mir!« – Da will jemand, dass du vor Autoritäten kuschst. »Treffen wir uns doch in der Mitte!« – Du sollst deine Position aufgeben. Klar? Beschreib, was gerade passiert. Und denk nach, bevor du handelst. Ein guter Trick ist es übrigens, offen auszusprechen, was auf der Metaebene passiert: »Jetzt machen Sie mir also Zeitdruck?« – »Oh nein!« – »Gut, dann lassen Sie uns doch noch einmal in aller Ruhe nachdenken.« Ätsch!

Beim Verhandeln geht es ums Geben und Nehmen. Was wird gerne gegeben? Was gerne genommen?

78. Geben und nehmen

Du weißt ja: Worum es unterm Strich beim Verhandeln immer wieder geht, ist das Geben und Nehmen. Und wenn stimmt, was man bekommt, ist weniger wichtig, was man gibt. Nicht wahr, Günter? Lauf mal fünf Schritte und du kriegst dein Lieblingsessen! »Echt? Au ja! Lecker! Schnell los!« Selbst wenn Günter nun sieben Schritte zum Fressen laufen muss, stört ihn das nicht weiter. Die lockende Belohnung vor Augen, verzichtet er auf kleinliche Zählerei.

Wichtig ist deshalb, dass auch etwas zum Geben da ist! Bei Günter reichen ein paar fett-süße Kalorien, bei anspruchsvolleren Geistern sollte es mehr sein. Was aber beide gemeinsam haben: Es muss schmecken und auf den Tisch passen! Also: Was gehört zum Nehmen dazu? Zusätzliche Projekte vielleicht. Ein Rahmenvertrag. Oder eine Vertragsverlängerung. Und zum Geben zählen Nachlass, Bonus oder Naturalrabatt. Über all das kann man reden.

Wer es ganz schlau anstellt, packt ins Geben nicht nur einen Mehrwert rein, sondern erweitert den Deal auch gleich noch: Günter, für die fünf Schritte kann ich dir auch einen super Fahrservice schicken. Und wenn du gleich zehn Fahrten buchst, mach ich dir einen Sonderpreis! Und schon speichelt Günter wieder aus dem Maul ...

Fühle
deinem
Kunden auf
den Zahn: Was
genau ist ihm am
wichtigsten?

79. Den Kunden testen

Deshalb ist die Frage, was dein Kunde wirklich will, sehr wichtig. Es wird Zeit, ihm »auf den Zahn zu fühlen«! Klingt fies, nicht wahr? Auf Englisch ist es noch gemeiner: Da redet man von »to grill somebody«, also wörtlich »heiß rösten« oder eben »in die Mangel nehmen«. Wie Günter aus leidvoller Erfahrung weiß, passiert ihm das als Verkäufer häufiger, während er selbst fast nie Gelegenheit hat, solche Methoden anzuwenden. »Dazu bin ich doch gar nicht in der Position!« Wirklich nicht?

Mal ganz abgesehen davon, dass zeitgemäße Umgangsformen eine wirklich raue Gangart von vorneherein ausschließen, bedeutete »auf den Zahn fühlen« ursprünglich, dass ein Zahnarzt alle Beißerchen abklopft, um kranke zu finden. Und genau das Gleiche solltest du nun tun, um zu testen, wo es beim Kunden hakt. Klopf ihn ab: »Habe ich Ihren Bedarf richtig skizziert?« Oder: »Entspricht dies Ihren Vorstellungen?« Provoziere sogar mal Widerspruch, um eine echte Meinung zu bekommen: »Wahrscheinlich brauchen Sie unseren kostenlosen Service gar nicht ...« Wenn die Stimmung danach ist, kannst du sogar ein kleines Quiz daraus machen. »Welche Eigenschaft unseres Produkts spart Ihnen beim Betrieb denn die meisten Kosten: a, b oder c?«

Besuche einen orientalischen Basar – dort lernst du, wie man verkauft und verhandelt.

80. Der Basar als Testgelände

Weißt du übrigens, wo du das beste Verkaufs- und Verhandlungstraining bekommst? Auf einem orientalischen Basar! Vom ersten Schritt an hinein in den Trubel wirst du Ziel der Verkäufer sein. Sie werden alle Register ziehen und auf Teufel komm raus austesten, wie sie dir etwas verkaufen können. »Bist du verrückt?«, empört sich Günter. »Genau deshalb gehe ich ja nicht auf den Basar! Ich habe keine Lust, so überfallen zu werden. Außerdem habe ich dort bislang jedes Mal etwas gekauft, was ich eigentlich gar nicht brauche ...«

Wenn wir mal davon ausgehen, dass deine Kunden sogar brauchen, was du ihnen anbietest – dann scheinen die Basarverkäufer etwas zu können, was dir noch fehlt. »Aber wie machen die das?« Ganz klar, sie gehen auf dich zu, sie schätzen dich ein, sie sprechen dich an: »Ein großer Mann wie Sie braucht einen Stock. Oder wenigstens eine goldene Uhr.« Oder: »Eine schöne Frau wie Sie – wie wollen Sie wirken ohne einen Seidenschal?« Das folgende Spiel um den Preis des guten Stücks ist schon der zweite Akt, denn die Frage »Überhaupt kaufen?« hat der Händler gleich mitbeantwortet. Egal, was du am Ende aushandelst: Weil du nur deinen Gefühlen folgst, wird der Basarverkäufer seinen Gewinn machen.

Mach deinen Kunden Spaß beim Einkaufen!

81. Wann hat der Käufer Spaß?

»Wow!«, staunt Günter. »Basare sind wirklich beeindruckend!« In der Tat – wie selbstverständlich dort die Verkäufer auf ihre Kunden zugehen! Wie unbefangen sie sie ansprechen! Wie hartnäckig und ausdauernd sie sind! Wie geschickt sie immer wieder die Vorzüge ihres Produktes präsentieren! »Dabei kann man nicht nur lernen, sondern auch richtig Spaß haben – weil man fürs Geld nicht nur Ware, sondern auch Unterhaltung bekommt.« Genau, Günter.

Gute Nachricht, Schweinehund: Solche Einkaufserlebnisse gibt es nicht nur auf einem Basar, sondern auch wenn dich im Supermarkt die Dame hinter der Theke zur Gratis-Käseprobe einlädt. Wenn der Wirt im Stammlokal immer wieder mal kostenlos Musiker aufspielen lässt. Wenn auf dem Wochenmarkt der Standverkäufer eine Riesenshow abzieht. Wenn dein Buchhändler dir einen Lesekalender umsonst in die Tüte packt. »Kostenlos? Gratis? Umsonst?« Nein, für einen Teil des Preises, den du bezahlst. Aber als Mehrwert verpackt, bereitet er genau die Freude, die einem reinen Tausch »Ware gegen Geld« fehlt. Na, mit welchem Mehrwert könntest du deinem Kunden mehr Spaß beim Einkauf machen?

Vorverhandlung?
Vorsicht: Nicht
alle Argumente
umsonst
verpulvern!

82. Vorsicht vor Vorverhandlungen

»Okay, verstanden!«, freut sich Günter. »Wir dürfen Verhandlungen wie Basarverkäufer in unterhaltsames Klimbim verpacken.« Richtig, aber sei vorsichtig und verschieß nicht gleich dein ganzes Pulver auf einmal! Der Mehrwert soll schließlich bis zum Schluss ausreichen. Also bedenke: Was ist das Ziel des Gespräches? Seid ihr schon beim Abschluss oder erst in einer Vorverhandlung?

»Vorverhandlung?«, wundert sich Günter. Genau, manche Kunden wollen erst mal eine Runde warm werden, bevor sie zur Sache kommen. Etwa in der Art: »Heute legen wir die Rahmenbedingungen fest, morgen sprechen wir dann über den Preis.« Vorsicht also, lass dich nicht zu früh festlegen, sonst kommt schnell ein »Sie haben doch gesagt ...«. Nicht, dass zuerst die Ansprechpart ner der »Fachebene« kommen und später dann die mit dem Scheckbuch ... Wenn du dann schon alle Trümpfe gezogen hast – Mehrwertaspekte, Serviceleistungen, Ausstattung –, sind sie oft nicht mehr nutzbar!

Deshalb solltest du klären: Ist dein Gesprächspartner befugt, ohne Einverständnis anderer mit dir abzuschließen? Oder sind alle, die entscheiden, beim Gespräch anwesend? Du solltest das vorher ganz direkt fragen. Sonst droht dir der Verlust von Zeit – und wichtigen Argumenten!

Konzentriere dich
nicht auf den Preis,
sondern auf den
Wert!

83. Der billigste Mehrwert von allen?

So, lieber Kunde, Sie wissen ja: Geiz ist ungeil. Darum bin ich Ihnen gegenüber gern großzügig und ... »Hahaha!« Günter schüttelt sich vor Lachen. »So etwas willst du in einem Preisgespräch sagen?« Ja, warum denn nicht? »Okay, ich habe ja verstanden: Wir geben dem Kunden immer Mehrwert für sein Geld und möglichst viele Extras.« Genau, wobei manche davon kaum etwas kosten und doch ziemlich wertvoll sind. Die Sicherheit, dass eine Maschine ganz einfach zu bedienen ist und lange reibungslos läuft, zum Beispiel. Das gute Gewissen, weil das Produkt ökologisch unbedenklich ist. Der Technikvorsprung vor der Konkurrenz. Die Zulassung für alle Märkte der Welt. Die Lieferung gleich über Nacht. Es gibt immer etwas, was dem Kunden einen Mehrpreis wert ist. Pass genau auf, was! Eine kleine Frage hier, eine kurze Bemerkung da ...

»Schon alles klar!«, bremst Günter. »Aber wenn es hart auf hart kommt, dann entscheiden doch wieder alle nach dem Preis. Also bleibt nichts anderes übrig: Du musst eben doch der Billigste sein!« Aber Günter: Woher willst du denn so genau wissen, was deine Mitbewerber konkret verlangen? Nirgendwoher! Letztlich stocherst du mit Preisvergleichen immer nur im Nebel und fühlst dich wie das Kaninchen vor der Schlange: ziemlich schwach.

Sei nicht der
Billigste, sei
der Beste!

Wo würde
der Kunde
bei gleichen
Preisen
kaufen?

84. Die Superlative und zwei Zauberfragen

Wieso eigentlich immer der Billigste? Wenn es denn schon ein Superlativ sein soll, dann sei doch lieber der Beste! Das ist sicherer und einfacher zu erreichen. Schließlich kannst du objektiv prüfen, ob du in Sachen Qualität, Service, Produktivität besser bist als die Konkurrenz: Produkttests, Onlineforen, Referenzen, offizielle Zeugnisse, Rentabilitätsberechnungen und so weiter – all das schafft Objektivität. So kannst du vorrechnen, dass sich ein Euro bei dir schneller rentiert als anderswo. Dein Produkt bringt also mehr Geld in die Kasse, als man bei irgendeinem Billigangebot sparen kann! Und dass somit die Entscheidung für dich letztlich die günstigste ist, ergibt sich dabei am Rande ganz von selbst ...

Außerdem kannst du noch zwei Zauberfragen stellen: »Lieber Kunde, wo würden Sie denn kaufen, wenn alle Preise gleich wären?« Und Frage Nummer zwei: »Warum?« So findest du heraus, worauf es dem Kunden wirklich ankommt. Hat er noch bisher unausgesprochene Interessen? Im Zweifelsfall schafft seine Antwort auch Gewissheit darüber, dass man ohnehin keine Chance hat – unabhängig vom Preis: »Wenn das so ist, dann können wir wirklich nicht mithalten. Dann würde ich Ihnen empfehlen, bei X zu kaufen. Die sind dort unschlagbar. Aber ich werde mir erlauben, wieder auf Sie zuzukommen, sobald wir das toppen können.« Gesicht gewahrt, Ehrlichkeit bewiesen und Beziehung gefestigt. Tatsächlich: Du bist spitze!

Sei Partner deiner Kunden und
Verhandlungsgegner! Besonders
wichtig dabei: Glaubwürdigkeit!

85. Glaubwürdiger Partner werden

Betrachte deine Kundschaft und Verhandlungsgegner als Partner. Du willst sie nicht über den Tisch ziehen, sondern ihnen verlässlich und langfristig helfen – und dabei freilich auch deine Interessen berücksichtigen. Und zeig stets eine der wertvollsten Verkäufereigenschaften: Glaubwürdigkeit!

»Glaubwürdigkeit?«, wundert sich Günter. »Inwiefern?« Du weißt schon, Schweinehund: Manchmal erzählst du heute dies und morgen jenes – vor allem wenn du nicht wirklich Ahnung hast, worüber du redest. Leider aber schießt du dir damit oft selbst ins Knie: »Schwätzer« schimpfen die Kunden dich dann. Keine gute Verhandlungsposition ... Am schlimmsten aber wird es, wenn du in Torschlusspanik gerätst. Dann gibst du auf »fixe« Preise plötzlich doch noch Rabatt. Oder du verlängerst willkürlich Zahlungsziele. Oder du packst Extras auf Extras. Und was passiert? Die Kunden fühlen sich verschaukelt! Denn hätten sie schon früher zugesagt, wären ihnen all diese schönen Vorteile entgangen! Also, Günter, glaubt man dir bald kein Wort mehr und wird dich stattdessen immer quetschen und drücken und aussaugen. Dabei hättest du es dir richtig einfach machen können ... »Stopp!«, schreit Günter. »Ich habe es ja verstanden ...«

Arme Leute können
es sich nicht leisten,
billig zu kaufen.

86. Ramschprämie? Nein, danke!

Günter resümiert: »Mehrwert verkaufen, Kundenwünsche bedienen, glaubwürdig bleiben – und dann lassen dich die Kunden mit ihren Rabattforderungen in Ruhe?« Im Idealfall ja. Schließlich wollen sie ja keine Ramschprämie bezahlen.

»Ramschprämie? Was ist denn das?« Ganz einfach: Für wen der Preis das wichtigste Argument ist, der nimmt willentlich auch Mängel oder Nachteile in Kauf, um weniger Geld auszugeben. Diesen Minderwert deines Einkaufs nennt man eine »Ramschprämie« – man scheint zunächst zwar billiger davonzukommen, zahlt die Mängel dafür aber später auf Raten. Man zahlt eine »Prämie« für den »Ramsch«: weil die billige Maschine fünf Jahre früher kaputt ist als die teurere. Weil das Billighemd vierzig Waschgänge früher ausbleicht. Weil das Billigessen schnell wieder Hunger macht. Du brauchst also bald wieder eine neue Maschine, neue Hemden, neues Essen. Du zahlst zweimal, dreimal, viermal »billig« statt einmal »teuer«. Wie heißt das Sprichwort? Arme Leute können es sich nicht leisten, billig zu kaufen.

Na, Günter? Hast du schon das Geld für diese Nachkäufe auf die Seite gelegt?

Der Kunde will
überraschend
einen Preis?
Gib ihm zunächst
nur eine grobe
Hausnummer!

87. Sag es mit Zahlen!

Manche Verhandlungspartner sind ja von Beginn an offen und direkt. »Was kostet mich das?« klingt gut. Wenn dein Kunde so fragt, ist er grundsätzlich interessiert. Günter aber wird es dann heiß. Denn er hat Angst davor, konkrete Zahlen zu nennen: »Liegst du zu hoch, kommt Druck vom Kunden. Liegst du zu tief, kommt Druck vom Chef. Und sagst du nichts, kommst du nicht weiter ...«

Es hilft alles nichts: Jetzt muss eine Zahl auf den Tisch! Aber wer sagt denn, dass es genau die Zahl sein muss, um die es konkret bei diesem deinen Kunden geht? Du kannst auch so antworten: »Ähnliche Projekte bei einem anderen Kunden erforderten eine Investition von rund 250 000 Euro.« Das ist eine Aussage zur Größenordnung, mit der du schon mal eine Richtung zeigst. Und damit dein Kunde nicht zu lange darüber nachdenkt, ob es die richtige Richtung ist, schickst du gleich einen Satz hinterher, der das Gespräch wieder auf Leistungen und Lösungen lenkt: »Ich hätte dazu gleich eine Frage: Wie viele Mitarbeiter in Ihrer Abteilung sind denn betroffen?«

Todsünde jedenfalls wäre es, auf die Frage nach dem Preis zu sagen: »Das weiß ich (noch) nicht.« Denn dann könnte dein Kunde wieder mal bezweifeln, dass du überhaupt kompetent bist.

Reden ist Silber,
Schweigen ist Gold.

Manchmal sind
die ältesten Rezepte
die besten.

88. Die Macht des Schweigens

»Und was, wenn dein Kunde auf dein Preisangebot einfach schweigt?«, sorgt sich Günter. »Bestimmt ist es ihm dann zu teuer. Also schnell unterbieten!« Vorsicht, Günter, das ist wieder eine Falle! Denn Schweigen kann einen ungeheuren Druck entfalten: Steht mal eine Zahl oder eine Aussage länger im Raum, wird es rasch ungemütlich. »Oh Gott, schnell etwas sagen!«, rät Günter dann. Doch dabei gilt: Wer nun zuerst spricht, hat verloren! »Ach, Sie sind mit dem Preis nicht einverstanden?« (Obwohl das keiner gesagt hat.) Oder: »Okay, ich akzeptiere!« (Obwohl vielleicht noch etwas »gegangen« wäre.) – Tja, da hält man besser die Klappe ...

Leider rät Günter auch dann zum Reden, wenn er seinen eigenen Worten nicht traut! Er denkt »Viel hilft viel!« und redet. Und redet. Und redet. »Das Gegenüber wird schon zugreifen, wenn etwas Passendes dabei ist«, denkt er. Und der Kunde denkt an das Fußballspiel am Samstag, das Rendezvous am Vorabend oder die mittelalterliche Methode des Zungeabschneidens. Und weil Letzteres heute nicht mehr opportun ist, wird er nach dem ersten Wort greifen, das ihm eine Fluchttür öffnet – und weg ist er! Also, wenn du etwas zu sagen hast, dann sprich! Aber nicht zu viel – gute Argumente wirken von selbst. Und wenn du nichts zu sagen hast, dann schweig einfach! Pst!

Erkläre
immer
den
Nutzen,
den
Nutzen
und
den
Nutzen!

89. Vom Merkmal zum Nutzen

»Aber manchmal kann ich so tolle Dinge erzählen!«, leuchten Günters Augen. Zum Beispiel, wenn er mal wieder ein paar Produktdaten auswendig gelernt hat: »Dieser PC hat ein 15,4 Zoll FCUI Display, Jufru Proz 2 Duo T 4440 2, 10 GHz, 2 GB RAM, 750 GB HDD, Mobility Caflion CD 2400, Fluffi Home Premium!« Stolz blickt er dich an. »Cool, oder?«, sagen seine Augen, während er sich schon auf den unterschriebenen Kaufvertrag freut.

Doch halt! »Und was bringt mir das?«, fragt sich der Kunde. Schließlich will er einen passenden Computer kaufen – und kein Begriffskauderwelsch. Die technischen Details allein sind für ihn wertlos. Wie sollte er auch aus den Zahlen und Buchstaben erkennen, warum sein Leben nach dem Kauf schöner, bequemer oder sicherer sein sollte als vorher? Also denk wieder an den Mehrwert! Und mach es ganz einfach: Was ist das? Was bedeutet das? Und was nützt das? Je klarer du deinem Verhandlungspartner das vermitteln kannst, desto besser: »Da ist eine 750-Gigabyte-Festplatte drin. Das ist richtig viel Platz für Daten. Da können Sie sogar Ihre Videos drauf speichern und es reicht trotzdem noch ewig.« Toller PC!

Achte auf die indirekten Zeichen:
Stimmt eure Frequenz noch?
Stimmt der andere zu?

90. Zeichensprache deuten

»Okay!«, sagt Günter. »Nutzen, Nutzen, Nutzen – und der Preis verkauft sich quasi nebenher.« So sollte es sein, ja. Am besten checkst du während des Gespräches immer wieder, ob ihr noch auf einer Wellenlänge seid. Was sagt eure Körpersprache? Was verrät eure Stimme? Eure Mimik? Was macht eure Verbindung zueinander? Wenn die irgendwo unterwegs verloren gegangen oder zwischenzeitlich eingeschlafen ist, kannst du sie auch aktiv wieder auffrischen:

Manchmal genügt schon ein körperliches Heranrücken oder Vorlehnen – und schon stimmt die Frequenz wieder! Ja, konzentrierte Blicke, aufmerksames Zuhören und zustimmendes Nicken wirken auf beiden Seiten bestätigend – ihr gebt euch damit zu erkennen, dass ihr euch versteht. »Ist das nicht zu wischiwaschi?«, zweifelt Günter. »Kann mir der andere nicht einfach sagen, was er denkt?« Tut er doch! Aber eben indirekt.

Übrigens, auch wenn der andere tief im Inneren schon bereit ist, eurem Deal zuzustimmen, zeigt er dir das auch zunächst erst mal nur »zwischen den Zeilen«: Fragen nach Service, Garantien, Referenzen, zum näheren Verständnis und zustimmende Bemerkungen zu deinen Aussagen signalisieren ganz deutlich: »Ich will!« Was willst du mehr?

Bei Verhandlungen
sollte jeder gewinnen –
jeder bei seinen wichtigsten
Interessen.

91. Sieg oder Niederlage? Doppelsieg!

»Hurra, der Kunde ist noch da!«, freut sich Günter. »Und die Wellenlänge scheint auch noch zu stimmen.« Bestens. Dann geht es jetzt in die Zielgerade – direkt zum Abschluss.

»Aber Moment!«, ruft Günter. »Irgendetwas will der Kunde immer noch haben. Nur was?« Wahrscheinlich das Gefühl, gewonnen zu haben. Denn in jeder Verhandlung muss es einen Sieger geben. »In jeder Verhandlung?« Klar, wer geht schon gerne als Verlierer vom Platz? Aber im Idealfall gewinnen beide! Beobachte zum Beispiel mal, wie jede Seite nach »gewonnenen« Tarifverhandlungen den Sieg für sich beansprucht! Beide Seiten treten vor die Fernsehkameras, um aus ihrer Sicht kundzutun, warum das erzielte Ergebnis ein Erfolg ist. Sieg oder Niederlage scheinen also sehr relativ zu sein …

Daraus folgt, dass es nicht in jeder Verhandlung einen Verlierer geben muss. Es kommt stattdessen darauf an, möglichst viele deiner eigenen Interessen durchzusetzen und dem Gegenüber im Gegenzug seine zu gewähren. Jeder macht ein Schrittchen auf den anderen zu – und alle sind zufrieden.

Kompromisse müssen meistens sein. Freunde dich mit ihnen an!

92. Kompromisse – die Kunst des Nachgebens

»Kompromisse?«, ekelt sich Günter. »Igitt!« Schade. Für manche inneren Schweinehunde sind Kompromisse unverdauliche Brocken, die ihnen schwer im Magen liegen. Doch solche Schweinehunde sehen nur die Punkte, in denen sie nachgeben mussten. Sie fühlen sich als Verlierer.

Das muss nicht sein! Geh einfach davon aus, dass es nicht möglich sein wird, deine Vorstellungen immer zu genau 100 Prozent durchzusetzen, ohne andere irgendwie vor den Kopf zu stoßen. Die werden sich bei der nächsten Verhandlung revanchieren und du bekommst dann einen vor den Latz. Pech! Aber es wird immer Punkte geben, bei denen der andere nachgibt und ein Kompromiss zu deinen Gunsten ausfällt. Genau dies zu erreichen, ist Ziel deiner ganzen Verhandlung. Und klar: In den Schoß fallen dir solche Kompromisse nicht immer. Oft sind sie harte Arbeit – und bedeuten dennoch eigentlich nur eines: deinen Erfolg! Denn ohne Verhandlung hättest du gar nichts bekommen. Besser also, du freust dich, statt zu motzen! Auf so einen Erfolg kannst du bei der nächsten Verhandlung aufbauen. Du hast viel mehr gewonnen als nur einen Auftrag. Du darfst dich als echter Sieger fühlen. Ludwig Erhard hat es mal so gesagt: »Ein Kompromiss, das ist die Kunst, einen Kuchen so zu teilen, dass jeder meint, er habe das größte Stück bekommen.« Na? Schmeckt der Kuchen?

Sorge dafür, dass die Verhandlung nicht scheitern kann!

93. Lass die Verhandlung gelingen!

Also egal, ob dir droht, mal eine Kröte schlucken zu müssen, gib von deiner Seite aus alles, dass die Verhandlung gelingt! Bleib immer konstruktiv – selbst dann, wenn du einen Gesprächspartner mal nicht magst, ihn irrational findest, arrogant, dumm, gemein, ihr euch in eine Sackgasse manövriert habt oder was auch immer. Schieb deine Befindlichkeiten beiseite – was zählt, ist nur die Sache! Vielleicht unterbrichst du die Verhandlung einfach und gehst ein wenig spazieren? Und danach geht es friedlich weiter.

Selbst wenn der andere mit nervigen Tricks arbeitet, kannst du im Gespräch ständig den angestrebten Verhandlungserfolg betonen: Der andere will per Salamitaktik immer ein Scheibchen mehr von dir? Du musst um jedes bisschen Erfolg zäh ringen? Dein Gegenüber wird sogar wieder unfair? Egal: »Grundsätzlich« bist du ja einverstanden, nur die »Umstände müssen sich noch verändern«. So deutest du einerseits an, dass weiterhin alles offen ist. Und andererseits, dass der Abstand zwischen den Positionen gar nicht mehr so groß ist. »Ja, im Gegenteil! Eigentlich sind wir uns schon fast einig!« Genau, Günter. Gut aufgepasst!

Der halbe Rabatt:
Nachlass gibt es
nur gegen ein
Entgegenkommen.

94. Der halbe Rabatt

»Aber halt!«, ruft Günter. »Was, wenn du alle Tipps beherzigt, alle Register von Service und Qualität gezogen, alle Mehrwertleistungen genannt, alle Kostenvorteile vorgerechnet, dich immer auf den positiven Ausgang konzentriert hast – und der Kunde will trotzdem noch nicht kaufen? Was dann?« Tja, Günter: Mit welcher Trumpfkarte kannst du dann noch die Verhandlung zu deinen Gunsten wenden? »Dann kriegt er eben doch noch Rabatt! Damit kriege ich ihn.« Stimmt nicht, Günter, damit kriegt er dich! Denn so demonstrierst du ganz klar, dass er damit recht hatte, dich so lange hinzuhalten. Und beim nächsten Mal lässt er dich noch länger zappeln. Wenn es überhaupt ein nächstes Mal gibt – schließlich bist du nun nicht mehr glaubwürdig.

Deshalb zieh nun deinen vorletzten Trumpf aus dem Ärmel: den halben Rabatt! »Was ist denn ein halber Rabatt?« Das ist ein Rabatt, den der Kunde nur dann kriegt, wenn er dir dafür in einem anderen Punkt entgegenkommt: »Lieber Kunde, was darf ich dafür aus meinem Angebot streichen? Die kostenlose Erstinspektion vielleicht? Die Expresslieferung? Den Mengenrabatt?« Und schon bist du wieder glaubwürdig!

Ach ja, eventuelle »halbe Rabatte« hast du natürlich von vornherein in den Preis mit einkalkuliert ...

Dein letzter
Trumpf:
das Geschäft
platzen
lassen!

Entweder
kommt der
Kunde zurück
oder du hast
heroisch
einen Verlust
abgewendet.

Bravo!

95. Dein letzter Trumpf

»Und was, wenn der andere immer noch nicht einlenkt?«, rätselt Günter. Dann gibt es nur noch zwei Möglichkeiten: Entweder du brichst seinen Widerstand jetzt oder das Geschäft kommt nicht zustande. Du sagst ihm: »Lieber Kunde, wir wollen zu einer Vereinbarung kommen. Allerdings ist das so nicht möglich. Was sollen wir tun?« Wenn auf deine konstruktive Frage immer noch keine konstruktive Antwort kommt, warnst du deinen Kunden: »Unter diesen Umständen müsste ich unser Gespräch vorerst als gescheitert betrachten.« Und wenn jetzt immer noch kein umsetzbarer Vorschlag kommt, ziehst du deinen allerletzten Trumpf: Du verzichtest auf den Handel! »Lieber Kunde, unter diesen Umständen kann ich das Geschäft nicht verantworten. Tut mir leid, wir kommen nicht ins Geschäft.«

»Auweia!« Keine Sorge, Günter. Denn wenn der Kunde dich und dein Produkt braucht, wird er spätestens jetzt einlenken. Und wenn nicht, dann hast du dich und deine Firma vor einem Verlust bewahrt – Gratulation!

Gewinner zeigen kein Gewinnerlächeln. Gewinn nicht gegen den anderen, sondern gewinn den anderen für dich!

96. Zeige kein Gewinnerlächeln!

Gerade am Ende der Verhandlung ist es wichtig, immer Möglichkeiten zum Einlenken zu schaffen. Dein Verhandlungspartner muss jederzeit auf dich zukommen können, ohne sein Gesicht zu verlieren! »Und was ist, wenn der andere nicht einlenkt?«, fragt Günter. Dann bleibt dir nichts anderes übrig, als deine Ankündigung wahr zu machen: Beende die Verhandlung! Du musst zu deinem Wort stehen. Also verabschiede dich höflich: »Danke für Ihre Zeit und auf Wiedersehen!« Und natürlich so, dass die Tür auch in Zukunft offen steht: »Vielleicht kommen wir ja ein andermal zusammen?«

»Und wenn der andere endlich einlenkt?«, freut sich Günter. »Dann machen wir erst mal die Becker-Faust und vor Freude einen Salto. Und dann strecken wir dem Verhandlungspartner genüsslich die Zunge raus: Ätsch, gewonnen!« Halt, Günter, so natürlich nicht! Was glaubst du wohl, wie sich der andere dabei fühlt? »Unterlegen natürlich! Und zwar mit recht!« Und glaubst du wirklich, das ist schlau? Wie wird er sich dann wohl verhalten, wenn er mal am längeren Hebel sitzt? »Ups ...« Also: Bleib fair – und zurückhaltend!

Direkt nach dem
Abschluss:

Bestätigung geben!

»Super gemacht!«

97. Hände schütteln und Daumen hoch

»Darf ich mich dann gar nicht freuen, am Ende einer Verhandlung?«, wundert sich Günter. Aber doch! Im Gegenteil, du sollst dich sogar freuen – am besten aber gemeinsam mit deinem Verhandlungspartner. Schließlich ist nur die Verhandlung beendet – die Geschäftsbeziehung aber hat gerade erst angefangen! Also, am besten beginnt eure Partnerschaft mit lauter guten Gefühlen. Und da gehört Schadenfreude über die letzten Zugeständnisse des anderen nicht dazu.

Wichtig hierbei ist, dass beide inneren Schweinehunde nach so einem harten Verhandlungsmarathon erst mal ein wenig emotionales Futter brauchen. Daher bestätige nun deinen Verhandlungspartner in seiner Entscheidung: »Gratulation, gute Entscheidung! Sie haben alles richtig gemacht!« Vielleicht kennst du das ja auch selbst, wenn du als Kunde erst lange gezögert und dich dann letztendlich doch für einen Kauf entschieden hast. Jetzt kannst du jedes gute Wort gebrauchen. Denn nun soll die Phase kommen, in der man auch die letzten Restzweifel beiseiteräumt und sich mit seiner Entscheidung arrangiert: »Alles gut so, wie es ist.« Vielleicht zählst du einfach noch mal alle Vorteile auf, die jetzt für beide Verhandlungspartner entstehen. Keine Frage also: Das Geschäft ist super!

Einmal Kunde, immer Kunde –
dank Konsistenzprinzip.

98. Einmal und für immer

»Gutes Gefühl!«, freut sich Günter. »Da weiß man, was man geschafft hat.« Ganz genau. Und es geht dir nicht nur alleine so, sondern auch deinem Verhandlungspartner. Ihr erlebt gerade eine echte Gemeinsamkeit – eine wunderbare Gelegenheit, um gemeinsam in die Zukunft zu schielen: »Was werden wir noch alles miteinander erleben?« Denn warum sollte dein Verhandlungspartner das nächste Mal mit jemand anderem Handel treiben wollen? Wo ihr euch doch so gut versteht – und du der beste aller Verkäufer bist!

Ein wenig hilft dabei auch das Konsistenzprinzip. »Das was?« Das Konsistenzprinzip besagt, dass innere Schweinehunde dazu neigen, bei Entscheidungen konsistent zu handeln und sich beim nächsten Mal wieder genau gleich zu entscheiden. Schließlich rechtfertigen sie einmal getroffene Entscheidungen hinterher gerne vor sich selbst, wie wir schon festgestellt haben. Und was einmal richtig war, muss auch in Zukunft richtig sein – typisch fauler Schweinehund eben. »Aber das bedeutet ja, dass du mit einer einzigen erfolgreichen Verhandlung die Weichen ganz weit in die Zukunft stellst!« Klar, schließlich gehst auch du gerne im immer gleichen Supermarkt einkaufen, im immer gleichen Klamottenladen, im immer gleichen Reisebüro ...

Nach der Verhandlung muss
jeder seine Pflichten erfüllen –
ein wenig Kontrolle hilft dabei!

99. Vertrauen ist gut, …

»Hurra!«, freut sich Günter. »Wir haben einen neuen Stammkunden gewonnen! Dann auf zum nächsten!« Moment, Günter! Hast du nicht etwas vergessen? »Was denn?« Na, all die Versprechen, die du deinem neuen Kunden gegeben hast! Die musst du natürlich auch alle halten – sonst kannst du das mit dem neuen Stammkunden vergessen. Also los, bearbeite deine Verhandlung sofort nach! Wer braucht jetzt welche Info? Was wird wie abgewickelt? Wodurch unterstützt du den Kunden wie versprochen? Zeit für Sorgfalt, Schweinehund.

Auch dein neuer Kunde sollte sich nun an alle seine Versprechen halten – besonders, wenn du ihm ein wenig entgegengekommen bist: Zahlungsziel einhalten, Ware korrekt behandeln und so weiter. Denn erst wenn beide hinterher all ihre Versprechen einhalten, festigt sich die Beziehung.

Du wirst übrigens feststellen, dass manche Verhandlungspartner immer wieder eine kleine Erinnerung an ihre Pflichten brauchen – es ist einfach so. Am besten also, du arrangierst dich gleich damit: Vertrauen ist gut, Kontrolle ist besser. Alter Spruch, aber immer noch wahr.

Günter ist dein Freund und Helfer.
Vor allem verhandeln – das hat er drauf!

100. Günter, der Verhandlungskünstler

Das ist Günter. Günter ist dein innerer Schweinehund. Er lebt in deinem Kopf und bewahrt dich vor allem Übel dieser Welt. Wenn du etwas Neues lernen oder über deinen Schatten springen sollst, ist er zur Stelle. »Lass mich dir helfen!«, sagt er dann und »Das kriegen wir hin!«. Und weil er inzwischen genau weiß, wie man gut verhandelt, freut er sich auf jeden Kunden: »Lieber Kunde, lass uns miteinander reden! Damit wir gemeinsam einen Weg finden …« Er hört gut zu, denkt mit und befolgt noch ein paar andere einfache Regeln. Und schon stellt sich Erfolg ein … und kommt wieder … und kommt wieder …

Günter weiß aber auch, dass man neue Kenntnisse immer wieder auffrischen muss. Also lies dieses Buch gleich noch einmal durch! Damit wiederholst du die wichtigsten Regeln. Und du findest wahrscheinlich wieder neue Antworten, erkennst neue Zusammenhänge und entwickelst neue Ideen. Schon bald hast du so viel Lust am Verhandeln, dass deine Begeisterung alle mitreißt. Und weil Günter so gute Ratschläge gibt, bekommt er weiterhin täglich seine Streicheleinheit und darf auch in Zukunft immer mitverhandeln.

Buchtipps

Baum, Thilo & Frädrich, Stefan: Günter, der innere Schweinehund, wird Nichtraucher. Ein tierisches Gesundheitsbuch. Offenbach: GABAL, 2006

Baum, Thilo & Frädrich, Stefan: Günter, der innere Schweinehund, lernt flirten. Ein tierisches Turtelbuch. Offenbach: GABAL, 2007

Buckert, Ingo & Frädrich, Christina & Frädrich, Stefan: Rauchfrei glücklich. Der Weg zum Nichtrauchen. München: Compact Verlag, 2007

Burzler, Thomas: Mission Profit. Die Lizenz zum Abschluss. Offenbach: GABAL, 2009

Carnegie, Dale: Sorge dich nicht – lebe! Frankfurt a. M.: Fischer Taschenbuch Verlag, 2003

Cialdini, Robert B.: Die Psychologie des Überzeugens. Ein Lehrbuch für alle, die ihren Mitmenschen und sich selbst auf die Schliche kommen wollen. Bern: Verlag Hans Huber, 1997/2002

Covey, Stephen R.: Die 7 Wege zur Effektivität. Prinzipien für persönlichen und beruflichen Erfolg. Offenbach: GABAL, 2005

Covey, Stephen R.: Der 8. Weg. Mit Effektivität zu wahrer Größe. Offenbach: GABAL, 2006

Detroy, Erich Norbert: Sich durchsetzen in Preisgespräch und Preisverhandlungen. Zürich: verlag moderne industrie, 1997

Frädrich, Stefan: Günter, der innere Schweinehund. Ein tierisches Motivationsbuch. Offenbach: GABAL, 2004

Frädrich, Stefan: Luft! Ganz einfach Nichtraucher. München: Droemer-Knaur, 2004

Frädrich, Stefan: Günter lernt verkaufen. Ein tierisches Businessbuch. Offenbach: GABAL, 2005

Frädrich, Stefan: Günter, der innere Schweinehund, für Schüler. Ein tierisches Motivationsbuch. Offenbach: GABAL, 2005

Frädrich, Stefan: Günter, der innere Schweinehund, wird schlank. Ein tierisches Diätbuch. Offenbach: GABAL, 2006

Frädrich, Stefan & Kampe, Tanja: Günter, der innere Schweinehund, geht ins Büro. Ein tierisches Officebuch. Offenbach: GABAL, 2008

Frädrich, Stefan & Sautter, Nicola: Besser essen – Leben leicht gemacht. München: Zabert-Sandmann, 2007

Frädrich, Stefan (Hrsg.): Business Book of Horror. Offenbach: GABAL, 2008

Geist, Jacqueline: Das Hermann Brain Dominance Instrument (HBDI) und das Whole-Brain-Modell; in Simon, Walter (Hrsg): Persönlichkeitsmodelle und Persönlichkeitstests. Offenbach: GABAL, 2006

Häusel, Hans-Georg: Brain Script. Warum Kunden kaufen. Planegg bei München: Haufe, 2005

Köhler, Hans-Uwe L.: Best of 55. Die Olympiade der Verkaufsexperten. Offenbach: GABAL, 2005

Köhler, Hans-Uwe L.: Sex sells. Mythos oder Wahrheit? Offenbach: GABAL, 2006

Köhler, Hans-Uwe L.: Das 7. Gesetz. Die wahre Geschichte der 7 Zwerge und andere Erfolgsgeheimnisse. Offenbach: GABAL, 2007

Lazarus, Arnold & Lazarus, Clifford: Der kleine Taschentherapeut. In 60 Sekunden wieder o.k. Stuttgart: Klett-Cotta, 1999

Limbeck, Martin: Das neue Hardselling. Verkaufen heißt verkaufen. Wiesbaden: Gabler, 2007

Matschnig, Monika: Körpersprache. Verräterische Gesten und wirkungsvolle Signale. München: Graefe und Unzer, 2007

Scherer, Hermann (Hrsg.): Von den Besten profitieren. Offenbach: GABAL, 2001

Scherer, Hermann: Sie bekommen nicht, was Sie verdienen, sondern was Sie verhandeln. Offenbach: GABAL, 2009

Schranner, Matthias: Verhandeln im Grenzbereich. Strategie und Taktiken für schwierige Fälle. München: Econ, 2001

Schranner, Matthias: Der Verhandlungsführer. Salzburg: ecowin Verlag, 2003

Tzu, Sun: Die Kunst des Krieges. Neuenkirchen: RaBaKa-Publishing, 2007

Zimbardo, Phillip G. & Gerrig, Richard J.: Psychologie. Berlin, Heidelberg, New York: Springer, 1999

Die Autoren

Thomas Burzler (ww. sales-motion.de) ist einer der führenden deutschen Experten für Preisverhandlungen. Er trainiert und coacht die Mitarbeiter namhafter Unternehmen in Deutschland, Österreich, der Schweiz, Russland und Malaysia. Darüber hinaus hält er Vorträge und schreibt Fachartikel in Deutsch und Englisch zu den Themen Preisverhandlungen und Verkauf.

Thomas Burzler ist geschäftsführender Gesellschafter der Sales Motion GmbH, die Topreferenten vermittelt und maßgeschneiderte Trainingskonzepte für ihre Kunden entwickelt.

Thomas Burzler lebt in Augsburg.

Dr. med. Stefan Frädrich (www.stefan-fraedrich.de) ist Experte für erfolgreiche Selbstmotivation. Er ist der konzeptionelle und textliche Vater von »Günter«, dem inneren Schweinehund.

Als Trainer und Coach bekannt wurde Stefan Frädrich durch seine Bestsellerbücher, umfangreiche Medienpräsenz mit eigenen TV-Sendungen (Pro7, WDR, Focus Gesundheit) sowie als Redner und Moderator. Seine Seminare »Nichtraucher in 5 Stunden« (www.nichtraucher-in-5-stunden.de) und »Schlank in 5 Stunden« (www.schlank-in-5-stunden.de) werden europaweit von einem stetig wachsenden Trainerteam durchgeführt.

Zu Stefan Frädrichs Kunden zählen namhafte Firmen, Organisationen, Vereine, Behörden und Persönlichkeiten. Dr. Frädrich sitzt im Expertenrat der Mentor-Stiftung, ist Gründungsmitglied der Deutschen Gesellschaft für Nikotinprävention, zählt zu den Top-100-Referenten bei Speakers Excellence und ist Professionell Member der German Speakers Association. Er entwickelt ständig weitere Seminare und Bücher.

Stefan Frädrich lebt in Köln.

Timo Wuerz ist freier Designer, Illustrator und Künstler (www.timowuerz.com). Er ist der zeichnerische und künstlerische Vater von »Günter«, dem inneren Schweinehund, sowie der gemeinsam mit Stefan Frädrich vermarkteten Günter-Merchandising-Kollektion mit Plüschtieren, Postkarten und vielen weiteren Produkten (www.guenter-antwortet.de).

Er hat das Zeichnen im Blut. Er kann nicht anders und freut sich immer noch, das machen zu können, was er liebt, und dafür bezahlt zu werden: über drei Dutzend Comics und Bücher, weltweit Aufträge für Architektur, Briefmarken, CD-Cover, Corporate Design, Snowboards, Poster und Spielzeug und mittlerweile vor allem die Entwicklung und Gestaltung von Filmen, Shows und Themenparks – alles, was für ihn neu ist und sein Interesse weckt. Zum Beispiel: »Günter« zeichnen!

Seine Arbeiten sind in Galerien und mehreren Museen verschiedener Länder zu sehen; er wurde außerdem bereits mit internationalen Preisen ausgezeichnet.

Timo Wuerz lebt in Hamburg.